Monika Herz

Geschichten, die heilen

Monika Herz

Geschichten, die heilen

nymphenburger

Für Elisa

FSC
www.fsc.org
MIX
Papier aus verantwortungsvollen Quellen
FSC® C014496

Schutzumschlag und Illustration:
www.atelier-sanna.com, München
Herstellung und Satz: Ina Hesse
Gesetzt aus: 10,25/13,4 pt. Sabon,
9,75/13,4 Frutiger Light
Druck und Binden: GGP Media GmbH, Pößneck
Printed in Germany
ISBN 978-3-485-01378-9

www.nymphenburger-verlag.de

Inhalt

Vorwort

Man vergisst leicht, wie mysteriös und mächtig Geschichten sind. Sie arbeiten im Stillen, unsichtbar. Sie arbeiten mit den »Stoffen« des Geistes und des Selbst. Sie werden ein Teil von dir, während sie dich verändern.
Nimm dich vor den Geschichten, die du liest oder erzählst, in Acht: Auf subtile Weise verändern sie nachts unter der Oberfläche des Bewusstseins deine Welt.

Ben Okri (geb. 1959), nigerianischer Schriftsteller

Ich glaube, nein, ich weiß, dass Geschichtenerzählen eine wirkungsvolle Heilmethode ist. Von Milton Erickson, dem Begründer der modernen Hypnose, heißt es, er habe oft tagelang gegrübelt, um für seine Patienten die passende heilsame Geschichte zu finden. Selbst mein jüngster Sohn Jakob wusste schon im Kindergartenalter über die Heilkraft von Geschichten Bescheid. Er war eines Tages beim Überqueren der Straße von einem Auto erfasst worden. Zwar war ihm körperlich außer einem kleinen Bluterguss nichts passiert, aber das Erlebnis war doch sehr erschütternd. Als ich ihn abends ins Bett brachte und ihn im Arm hielt, sagte er: »Jetzt weiß ich, um was es wirklich geht. Es geht um Leben und Tod.« Er machte eine Pause, dachte nach und fügte dann hinzu: »Und um gute Geschichten!«

Geschichten erzählen von einem Konflikt, davon wie die Helden und Holden mit dem Konflikt umgehen und wie sie ihn lösen. Wir identifizieren uns zunächst mit den Figuren und nehmen die Wendungen der Geschichte in unseren eigenen Heilungsprozess mit. Wenn wir uns tiefer mit den einzelnen Symbolen und Bildern der Geschichte beschäftigen, können wir heilsame Fragen und Antworten finden. Es kommt viel darauf an, welche Fragen wir stellen. Indem wir die Bilderwelt dann in unseren Geist aufnehmen, dort verinnerlichen und wirken lassen, finden wir Wege, die uns aus dem Leiden herausführen in eine Welt, in der wir zufrieden und erfüllt leben können.

In einem Artikel über meine Arbeit, die Gebetsheilung, wurde ich einmal »die Alpenschamanin« genannt. »Was tut eigentlich eine Alpenschamanin?«, wurde ich gefragt. Ich antwortete, dass eine Alpenschamanin oben auf dem heiligen Berg sitzt und in die Welt hinausschaut. Und dass gleichzeitig die Welt in sie hineinschaut. Und dass sie von ihrem heiligen Berg aus in die Welt hinaushorcht. Und dass die Welt während des Hinaushorchens in sie hineinspricht.

Mein heiliger Berg ist der Hohe Peißenberg. Da bin ich aufgewachsen, da bin ich eine Eingeborene, da bin ich verwurzelt und da wünschte ich, dass dereinst meine Asche in den Wind gestreut wird. Am Fuße des Berges auf der Nordseite hatten meine Großeltern Bauernhöfe. Nach dem Krieg haben sich dort meine Eltern ineinander verliebt und dann zu meiner Geburt ein kleines Häuschen auf der Südseite gebaut. Während der ersten sechs Jahre meiner Schulzeit ging ich Tag für Tag auf den heiligen Berg mit dem Schulranzen auf dem Rücken, weil damals die Schule noch oben auf dem Berg stand. Ich kann mir keinen schöneren Schulweg vorstellen. Zu Beginn des Tages eine gute halbe Stunde durch den Wald hinaufsteigen und am Ende des Unterrichts leichtfüßig hinunterlaufen! Die wirklich wichtigen Dinge des Lebens befinden sich dort oben auf dem Berg: die Schule, ein paar wunderbare alte Linden, die Kirche mit einer wundertätigen Madonnenstatue und den Werken alter Künstler, die Wissenschaft mit der Wetterstation, der Kramerladen mit den Gummibärchen, das Wirtshaus und der Friedhof.

Den ersten bewussten Blick von der Plattform des heiligen Berges herab werde ich nie vergessen. Damals ging ich noch nicht einmal in die Schule, vielleicht war ich vier oder fünf Jahre alt. Mein Vater sagte eines Tages vergnügt: »Komm, Monika, ich zeig dir etwas!« Er hatte ein kleines Moped, denn Autos gab es damals noch kaum in Hohenpeißenberg, und er setzte mich kurzerhand vorne drauf und knatterte mit mir die Bergstraße hinauf. Ich kann mich an das Gefühl erinnern, wie es war, so schnell den Berg hinaufzufahren. Es war ein bisschen Ängstlichkeit dabei, weil Mopedfahren für mich so neu und so schnell war. Aber vor allem war da Vertrauen, dass mir nichts passieren könne mit dem Vater im Rücken. Es war ein sehr gutes, ein herrliches Gefühl. Wie fliegen! Ich juchzte!

Oben auf dem Berg angekommen, nahm der Vater mich an der Hand und ging zu dem Platz an der Hofmauer, wo noch heute die großen Linden stehen. Er hob mich hoch und stellte mich vor sich hin auf die Mauer, damit ich sehen konnte. Mein Vater hat nie viele Worte gemacht. So wird er auch in diesem Augenblick nicht viel gesagt haben. Vielleicht hat er nach einer Weile gesagt, dass es dort hinter den Bergen, hinter den Alpen noch weitergeht. Dass dort im Süden Italien ist und im Westen Frankreich, wo er im Krieg und in der Gefangenschaft war. Aber vom Krieg hat er gewiss nichts erzählt in diesem Augenblick. Wir standen da und der Vater hat mir die Welt gezeigt. Denn von unserem heiligen Berg aus kann man wirklich die ganze Welt sehen. Die ganze Welt! Man sieht in alle vier Richtungen bis zum Ende des Horizonts. Ich erinnere mich ganz tief, wie groß das Staunen in dem kleinen Mädchen damals war. Natürlich habe ich diesen Eindruck zunächst wieder vergessen. Später dann, als ich anfing zu meditieren und als ich darüber nachdachte, wofür ich meinen Eltern besonders dankbar bin, da ist es mir wieder eingefallen.

Mein Vater hat mir also in gewisser Weise das »Sehen« geschenkt. Meine Mutter dagegen das »Hören«. Auch das Geschenk meiner Mutter hätte ich beinahe vergessen, wäre ich nicht zur Meditation gelangt. Während einer solchen Meditation gab uns die Zen-Meisterin die Anregung, hineinzuschauen in unseren Geist, ob wir dort nicht eine besonders kostbare Erinnerung an unsere Mutter finden könnten. Da tauchte sie plötzlich auf, die Erinnerung an das Hören der kosmischen Laute!

Meine Mutter hatte die sehr empfehlenswerte und gesunde Angewohnheit, mittags für ein Viertelstündchen ein kleines Nickerchen zu machen. Manchmal nahm sie mich als kleines Mädchen dazu mit auf das Kanapee und umfing dann meinen kleinen Körper mit ihren Armen. Ich erinnere mich, wie geborgen es sich anfühlte, dort an ihrem stattlichen, weichen Busen zu liegen und ihren Herzschlag zu hören. Weil ich von Natur aus voller Forschungsdrang bin, versuchte ich, so zu atmen, wie sie, die Mutter, es tat. Das war gar nicht so einfach, denn meine Mutter atmete natürlich viel langsamer als ich. Ich musste also sehr tiefe, lange Atemzüge nehmen. Und da geschah es: Plötzlich hörte ich hinter dem Ticken der Uhr und hinter dem Herzpochen der Mutter noch einen anderen Ton. Der Ton war ganz tief und immerwährend. Während des Hörens fiel ich wohl in eine Art Trance und hörte sozusagen die Welt zu mir sprechen. Ohne ein Wort sprach die Welt zu mir. Mit nur einem einzigen Laut sprach die Welt zu mir. Es war eine sehr eindringliche Botschaft. Ich wurde dabei ganz leicht und weit. Mehr weiß ich nicht mehr.
Was hat das nun mit den Geschichten zu tun, die ich hier erzählen möchte? Um die Welt, die mir mein Vater gezeigt hat, noch genauer anzuschauen, bin ich weit gereist, nach Indien im Osten und nach Amerika im Westen. Im Süden bin ich bis Ägypten gekommen und im Norden bis zur Küste des Meeres. Um den einen Ton, den Gesang der Erde, besser zu verstehen, habe ich spirituelle Geschichten aus allen Tei-

len der Welt gesammelt. Und da ich gebeten wurde, hier von meinem heiligen Berg aus Geschichten zu erzählen, will ich das jetzt tun. Nach Jahrzehnten des Sammelns und Aufbewahrens will ich diese Ernte meines Lebens nun verwerten. Denn nur zu sammeln und zu horten um des Sammelns und Hortens willen, ist nicht sinnvoll. Ein Teil der Ernte geht sowieso verloren. Mäuse und Ratten kommen und fressen ihren Anteil. Ein anderer Teil verschimmelt vielleicht. Und wer seine Ernte nicht in die Welt hinaus verteilt, der wird am Ende gar nichts mehr haben.

Es sind alte Geschichten aus alten Zeiten, aus den alten Religionen und viele sind wohlbekannt. Wenn ich also die alten Geschichten neu erzähle, dann möge ihnen die Kraft aus der Vergangenheit innewohnen, während sie zugleich über die Vernetzung, die sich aus dem Wissen voneinander ergibt, etwas Heilsames für die Zukunft in sich bergen. Für den Einzelnen und vielleicht auch für die Gemeinschaft.

Jüdische Geschichten

Auch Gott lernt dazu. Man merkt das an den Verbesserungen bei der Erschaffung der Frau gegenüber der des Mannes.

Zsa Zsa Gabor (geb. 1917),
US-amerikanisch-ungarische Schauspielerin

Lilith und Adam

Zuerst war alles dunkel. Lilith wusste nicht, was es bedeutete, Augen zu haben und zu sehen. Sie tastete um sich und fühlte neben sich einen Körper. Es war Adam. Die beiden befühlten und berochen sich, sie saugten und wühlten ineinander, bis der Tag anbrach. Beim ersten Strahl der Sonne wurden ihnen die Augen geöffnet und sie sahen den Garten Eden.

Der Garten Eden zeichnete sich dadurch aus, dass es immer genug gab. Genug zu essen und genug zu trinken. Und nicht nur das. Das Essen war auch äußerst schmackhaft. Früchte, Nüsse, Gemüse, Getreide. Wenn Lilith das klare Wasser der paradiesischen Quellen trank, fühlte sie sich selbst ganz klar werden. Wenn sie Honig leckte, wurde sie selbst ganz süß. Wenn sie die weiße Milch der Gazellen trank, erwachte die Freude an eleganten Bewegungen in ihr. Wenn Lilith und Adam Wein tranken, kam ein Gefühl über sie, das war so fein und doch so stark, dass sie nicht wussten, welchen Namen sie ihm geben sollten. Lilith nannte es schließlich Ekstase. Im Garten Eden zu leben war eine einzige Wonne. In Liliths Augen war alles, was war, perfekt. Es gab nichts hinzuzuwünschen.

Von irgendwoher jedoch musste all das gekommen sein. Irgendeine unvorstellbare Kraft musste dies alles doch erschaffen haben! Die Kraft nannte sich »Jahwe« und sie zeigte sich. Jahwes Name bedeutete: »Ich bin. Ich war. Ich werde immer sein.« Wann immer Adam oder Lilith mit Jahwe sprechen wollten, sprach Jahwe auch mit ihnen. Jahwe beantwortete alle Fragen und verwirklichte jeden Gedanken. Lilith hörte Jahwe so genau zu, dass sie schon bald seinen geheimen Namen entdeckte. Von da an konnte Lilith fliegen. Das heißt, Lilith konnte sich überallhin bewegen und war frei, sich über die Gesetze von Raum und Zeit, die sie eh nicht kannte, hinwegzusetzen. Sie brauchte nur Jahwes geheimen Namen zu singen, schon war sie an jedem beliebigen Ende des Gartens. Als Adam bemerkte, dass Lilith eine Fähigkeit entwickelt hatte, die ihm fehlte, wurde er das erste Mal in seinem Leben neidisch. Der Himmel krümmte sich unter der Last dieses neuen Gefühls und oben auf der Krümmung saßen die Verwandten des Neides. Nämlich der Geiz und der Stolz, die Gier und die Wut und die Faulheit und außerdem alle Süchte, die man sich nur vorstellen kann. Sie warteten darauf, ebenfalls Einlass zu finden.

Adam sprach zu Jahwe: »Lilith ist eine üble Gefähr-

tin. Sie fliegt von Horizont zu Horizont und lässt mich unten sitzen. Ich will auch dort oben sein!« Als Lilith hörte, dass Adam sich über sie beschwerte, kam sie sofort herbei und flüsterte Adam den geheimen Namen ins Ohr, damit er auch fliegen könne. Adam jedoch konnte mit dem Namen nichts anfangen. In Adams Herz bewegte der geheime Name Jahwes überhaupt nichts. Und schon gar nicht konnte Adam mit dem Namen von dem einen Ende zum anderen Ende des Paradieses fliegen. Adam wurde darüber wütend und sein Herz füllte sich mit Hass anstatt mit Liebe und er hätte Lilith geschlagen, wenn sie sich nicht hinter Jahwe in Sicherheit gebracht hätte. Jahwe sagte: »Adam, wenn du frei sein möchtest und fliegen willst, musst du selbst meinen geheimen Namen finden. Mein geheimer Name ist für jeden Menschen anders. Ich habe ihn genauso in dein Herz geschrieben, wie ich ihn in Liliths Herz schrieb!«
Doch Wut und Hass hatten bereits einen Spalt gefunden und waren in den Garten eingebrochen. Adam zeigte auf seinen starken und stattlichen Körper und polterte: »Ich bin ein Mann! Ich kann es nicht ertragen, dass diese Frau klüger ist als ich! Dass sie etwas kann, was ich nicht kann! Du liebst sie gewiss mehr als mich! Ich vertraue dir nicht mehr! Wenn du mich genauso liebst wie sie, dann mach eine neue Frau für mich! Ich will mit Lilith nichts mehr zu tun haben! Sie soll verschwinden! Ich verstoße sie!«
Lilith staunte nicht schlecht. Was war nur mit Adam passiert? Der geheime Name Jahwes in ihrem Herzen

jedoch bewirkte nicht nur, dass sie fliegen konnte, sondern auch, dass sie vollkommen glücklich und zufrieden war. Ob mit oder ohne Adam. So zog sie sich zurück und richtete sich hinter dem Mond ein gemütliches Zuhause ein.

Jede der alten religiösen Geschichten birgt eine Vielzahl von heilenden Aspekten. Ich glaube, dass das Verständnis der Lilith als verborgenes Element der Weiblichkeit für uns sehr bereichernd sein kann. Lilith wurde in den letzten Jahrzehnten in der westlichen Welt zum Prototyp einer freien und spirituellen Frau. Sie braucht keinen Mann, um glücklich zu sein, weil sie das Glück in ihren spirituellen Erfahrungen gefunden hat. Eine solch freie Frau ist zweifellos nicht immer und überall gern gesehen. In den talmudischen Quellen aus dem 3. bis 5. Jahrhundert heißt es, Lilith wäre eine Nacht-Dämonin und würde kleine Kinder rauben und töten. Wir sehen, dass schon damals das Mittel der Verleumdung gewählt wurde, um Angst vor freien Frauen zu schüren.
Bis vor Kurzem galt es noch als Makel, wenn eine Frau keinen Mann und/oder keine Kinder hatte. Und viele Frauen quälen sich nach wie vor mit dem Gedanken, ohne Kinder ihre Bestimmung als Frau nicht erfüllt zu haben, keine »richtige« Frau zu sein. Einmal sagte eine Frau voller Bitterkeit in meiner Praxis: »Ich habe nicht einmal eine Scheidung vorzuweisen und nur ein abgetriebenes Kind!« Wir können uns an Lilith orientieren, wenn wir – aus welchen Gründen auch immer – kinderlos geblieben sind. Oder auch, wenn wir anders sind, als

die konventionelle Gesellschaft uns gerne sehen möchte. Die Figur der Lilith ist uns eine Stütze, wenn wir unabhängig in unserem Denken und in unserem Verhalten sind und daher glauben, im Dunkeln zu stehen. Wenn wir in unserem Geist bereits weit vorausgeflogen sind, wenn wir Orte des Geistes kennen, zu denen uns niemand folgen kann, und wenn wir deswegen einsam sind. Lilith kann uns als verleumdete Lichtgestalt Trost und Hoffnung spenden, denn sie ist aus sich selbst heraus strahlend, aus der Verbindung mit ihrer spirituellen Quelle.

Adam und Eva

Deine neue Frau wird anders sein als Lilith«, versprach Jahwe und erschuf Eva aus einer Rippe des Adam. »Doch alles hat seinen Preis«, sprach Jahwe und deutete auf einen beliebigen Baum im Paradies. Es handelte sich um einen Apfelbaum. »Von diesem Baum hier dürft ihr von nun an nicht mehr essen!« Das war Adam ziemlich egal, denn es gab etwa hunderttausend Apfelbäume im Paradies. Die neue Frau, die später Eva, das heißt »Mutter alles Lebendigen«, genannt wurde, war fügsam. Sie ließ sich von Adam, der ja nun der ältere im Paradies war, herumkommandieren und war zunächst zufrieden, solange Adam nur freundlich und nett zu ihr war. So dauerte es nicht lange und Adam begann, sich zu langweilen, und schon bald sehnte er sich insgeheim

nach Lilith zurück. Eva spürte, dass etwas nicht stimmte zwischen ihr und Adam, und fing an, an sich selbst zu zweifeln. War sie vielleicht nicht schön genug? Nicht interessant genug? Nicht leidenschaftlich genug? Oder etwa nicht klug genug? War diese Lilith, seine erste Frau, etwa klüger gewesen als sie? Und raffinierter vielleicht?
Oben auf dem von der Last gekrümmten Dach des Paradieses, wo die Verwandten des Neides schon hockten, wurde getuschelt und geschubst. Ein Spalt öffnete sich und Lüge, Tratsch und Verleumdung rutschten ungehindert ins Paradies. Schnurstracks machten sie sich auf und besetzten den verbotenen Baum. Dort warteten sie. Ihre Stunde sollte bald schlagen.

Es ist interessant, welche Personen den Garten Eden zu Beginn der Schöpfung bevölkern. Da ist zunächst Jahwe selbst, der uns als älterer Mann und Vater vorgestellt wird. Jahwe ist allmächtig und Adam ist in seiner männlichen Energie, die ja als solche immer nach der Spitze strebt, von Haus aus in einer völlig aussichtslosen Position. Er hat als Mann niemals eine Chance gegen diesen Gott. Gott ist als Allmächtiger immer der Stärkere. Schließlich fühlt sich Lilith, die anfangs Adam ebenbürtig war, auch mehr zu Gott hingezogen als zu Adam. Wie fühlt sich eine solche Situation wohl für Adam an? Fühlt er sich verraten? Ist es aus dieser Sicht nicht mehr als verständlich, dass Adam sich eine Frau wünscht, die zu ihm aufschaut und für die er der Starke sein darf, der Erste?

In einer Welt, die sich durch Gegensätze definiert, entspricht die männliche Energie dem Vorwärtsstrebenden, dem Höherstrebenden, einer geraden Linie oder einem Pfeil. Es ist die Energie, die die Entwicklung vorantreibt und auf ein Ziel zusteuert. Das Weibliche dagegen entspricht der Kreisform, dem Prinzip von »Alles ist eins«, dem Integrieren und Zusammenbringen, auch dem Offenen und Weiten. Lilith, die aufgrund ihrer zutiefst weiblichen Natur die Eigenschaften Gottes durch Hingabe integriert, wird für dieses Weiblichsein in den Schatten verbannt. Adam will sich, seiner männlichen Natur folgend, seinem höchsten Ziel widmen, nämlich zu sein wie Gott. Dazu wird ihm nun Eva an die Seite gestellt, die ihm untergeordnet sein soll und ihm folgen soll. Doch Eva ist sowohl Frau und damit wie Lilith, als auch aus der Rippe von Adam gemacht und damit wie Adam. Das heißt, ein Teil von Eva will auch »männlich« und damit die Erste und die Mächtigere sein. Bei einem Partnerschaftskonflikt könnte eine heilsame Frage lauten: Welcher dieser Grundtypen herrscht gerade in mir und meinem Partner vor?
Liliths Fähigkeit zu fliegen kann interpretiert werden als die Fähigkeit der Frau, Sexualität wesentlich intensiver zu empfinden als der Mann. So offenbart der blinde Prophet Teiresias in der griechischen Mythologie dem Zeus, der Orgasmus der Frau wäre neunmal stärker und inbrünstiger als der des Mannes. Teiresias musste es wissen, denn er hatte sieben Jahre im Körper einer Frau verbracht, bevor er wieder zum Mann zurückverwandelt wurde. In den alten asiatischen Kulturen wurde diese

Kraft auch im spirituellen Zusammenhang genutzt, um dem »Geist Gottes« näherzukommen. In diesen Kulturen wird natürlich nicht das Wort »Gott« verwendet. Bis vor wenigen Jahrzehnten wurden nur wenige fortgeschrittene Schüler von ihren Meistern in diese geheim gehaltenen Praktiken eingeführt. Im Mythos von Eva und Lilith können wir so eventuell einen Versuch sehen, den Zusammenhang zwischen Sexualität und Gottes-Erkenntnis unter Strafe zu stellen.

Wenn wir uns als Frauen wieder mit der Figur Liliths anfreunden oder sie überhaupt erst neu entdecken, kann uns das zu einem neuen Selbstverständnis führen. Die gesellschaftliche Herabwürdigung der Frau aufgrund ihres Geschlechts und ihrer Fähigkeit, große sexuelle Freude zu empfinden, ist die gefährliche und ungeklärte Quelle unzähliger Leiden. Wir haben jetzt die historische Chance, diese Art von Leiden allmählich zu beenden. Indem wir als Frauen innerlich immer tiefer selbst davon überzeugt sind, dass wir denselben Respekt verdienen wie Männer. Und indem wir als Männer diese Überzeugung ebenso tief teilen. In der Generation meiner Eltern wurde die sogenannte Gleichberechtigung gesetzlich verankert und erste, noch unbeholfene Maßnahmen wurden ergriffen. In mir und meiner eigenen Generation sehe ich das Ringen um diese Position und erste Fortschritte. Wenn auch die wenigen weiblichen Führungsrollen in der Regel von Frauen eingenommen werden, die eher dem männlichen Prinzip huldigen, so ist es doch inzwischen wenigstens kein Tabu mehr. Ich glaube, dass die Entdeckung und Ehrung der wirklich weiblichen

Kräfte der Integration und Offenheit, die sowohl Frauen als auch Männer entwickeln werden, zu einem völlig neuen gesellschaftlichen Miteinander führen können.
Im Christentum gehört der Neid zu den sogenannten sieben Todsünden. Neid gilt sogar als diejenige menschliche Schwäche, die den größten Schaden anrichtet. Denn Neid ist der Schlüssel, der in den dunkelsten Keller unserer Seele hinabführt, zu Gewalt, Gier und Dummheit. Es ist eine der heilsamsten Übungen schlechthin, die eigenen Gedanken immer wieder einmal sehr genau zu untersuchen, ob sich etwa Neid eingeschlichen hat. Auch Lüge, unnötiges Geschwätz und Verleumdung als das Gefolge von Neid zu erkennen, kann recht heilsam sein. Einerseits hilft es uns, den Neid in positive Empfindungen zu verwandeln, denn transformierter Neid wäre die reine Lebensfreude. Ohne Neid könnten wir zum Beispiel einfach froh sein, wenn wir ein Dach über dem Kopf haben, ein Pfund Nudeln in der Schublade und Klamotten am Leib. Verwandelter Neid ist auch »Mit-Freude«, ein Wort, das bezeichnenderweise in unserer Sprache bisher noch gar nicht vorgesehen ist. Man stelle sich zum Beispiel vor, wir Frauen könnten uns über die Schönheit und Anmut einer anderen Frau wirklich freuen! Frei von Angst und Eifersucht! Andererseits kann uns die Erkenntnis, dass andere gerade unter Neid leiden, dabei helfen, den Schmerz leichter zu ertragen, wenn wir selbst womöglich Opfer von Verleumdungen oder schwachsinnigem Geschwätz geworden sind.

Eva und Lilith

Lilith hatte inzwischen hinter dem Mond weitere Erkenntnisse über die Geheimnisse Gottes gewonnen und schaute gelegentlich im Garten Eden vorbei, wenn Adam gerade schlief. Sie sah, dass Eva unglücklich war, und es tat ihr leid, die Schwester so zu sehen. So erschien Lilith der Eva im Traum. Wortlos erzählte sie von dem unsagbaren Glück, das die Geheimnisse Gottes ihr bescherten. Lilith brauchte dazu keine Worte, denn das Glück machte, dass ihre gesamte Erscheinung leuchtete.

Als Eva erwachte, war sie von großer Sehnsucht nach den geheimen Erkenntnissen Gottes ergriffen und wanderte den ganzen Tag in Gedanken verloren durch den Garten. So kam sie auch an jenem verbotenen Apfelbaum vorbei. Die Täuschung, die gerade eben im Garten Eden angekommen war, hatte die Gestalt einer Schlange angenommen und diese sprach die träumende Eva an:

»Eva«, so schmeichelte sie, »lass dich doch nicht für dumm verkaufen! Der Alte will dir und Adam nur das größte Glück vorenthalten, das er Lilith gegeben hat. Ihr könnt aber beide genauso wie Lilith sein und frei fliegen, wohin ihr wollt. Das hier, dieser verbotene Baum, ist nämlich der Baum der Erkenntnis. Wenn ihr davon esst, dann werdet ihr alle Macht auf Erden besitzen, sogar noch mehr Macht als der Allmächtige selbst …«

Eva wusste ja damals noch nicht, was Täuschung ist,

und glaubte der Schlange jedes Wort, so wie sie im Traum Lilith geglaubt hatte. Sie meinte, das Erscheinen der sprechenden Schlange sei gewiss einer jener unwillkürlichen Zufälle, die einem gewöhnlich den Weg weisen im Garten Eden. Ein wirklich freies Leben wäre schließlich auch nur dann möglich, wenn es keinerlei Verbote gab. Noch dazu, wenn es sich um ein so sinnfreies Verbot handelte wie das mit dem Apfelbaum. Dachte Eva.

Also nahm sie den Apfel und wartete, bis Adam kam, um den Apfel mit ihm zu teilen. Denn das Teilen war Evas Art. Adam schien zunächst skeptisch, aber Eva war eine kluge Frau und ließ Adam die Entscheidung treffen. Zuvor schilderte sie alle Vorteile der vollkommenen Freiheit ausführlich in vielen verschiedenen Schattierungen und Farben. Schließlich stimmte Adam zu, weil er vom Redeschwall Evas vollkommen geplättet war. Sie aßen miteinander den Apfel des verbotenen Baumes. Nichts passierte. Da erkannten sie, dass die Schlange sie getäuscht und belogen hatte. Das war die einzige Erkenntnis und die war sehr schmerzhaft. Als Jahwe kam und sah, was vorgefallen war, erklärte er den beiden, dass von nun an das Paradies zur Hölle werden könnte. Und dass es ab jetzt »Gutes« und »Schlechtes« gäbe und dass sie lernen müssten, das eine vom anderen zu unterscheiden. Und dass das oft nicht einfach sei. Und dass sie von nun an viele Gesetze brauchen würden. Adam stand auf, nahm Eva bei der Hand und sagte zu Jahwe: »Sinnlose Gesetze werden wir jedenfalls nicht akzeptieren!« Dann gingen die beiden in den neuen Morgen hinein und Jahwe sah ihnen wohlwollend nach.

Dieser erste Akt des zivilen Ungehorsams ging in die Geschichte ein als der erste »Sündenfall« und als »Erbsünde«. Adam und Eva haben jedoch damals aus freiem Willen und als freie Menschen gehandelt. Die entbehrungsreiche Geschichte der Menschheit wurde von verschiedenen Interpreten als Strafe für den Ungehorsam gegen Gottes Apfel-Verbot angesehen. Ich fürchte, dass wir noch immer kollektiv an diesem Schuldgefühl kranken. Doch Ungehorsam gegen sinnlose Gesetze ist die Pflicht eines freien Menschen und damit lädt niemand Schuld auf sich! Diese Entwicklung ist in unserer Geschichte letztlich dem Einfluss der Lilith zu verdanken. Lilith und Eva haben gemeinsam den Weg in die Freiheit gewiesen. Die Geschichte kann heilsam sein, wenn wir unter Schuldgefühlen leiden, obwohl wir in Wirklichkeit gar nichts verbrochen haben. Schuldgefühle sind ein großes Hindernis bei der Entfaltung unserer Potenziale.

Kain und Abel

Sie waren Brüder und sie mochten sich. Eigentlich. Kain meinte manchmal, dass Abel, der jüngere Bruder, von ihrer Mutter Eva mehr gemocht wurde. Und auch der Vater machte immer ihn, Kain, verantwortlich, wenn die Brüder irgendetwas angestellt

hatten. Immer war Kain an allem schuld. Abel dagegen war in den Augen der Eltern immer unschuldig, egal, was er tat.
Nun hatten die Eltern den beiden aufgetragen, Jahwe ein Rauchopfer darzubringen. Jahwe musste angeblich stets besänftigt werden, denn sein Zorn konnte unerbittlich sein. Rauchopfer aber waren nicht so einfach darzubringen. Erst musste genügend trockenes Holz gefunden werden. Die Brüder mussten lange danach suchen und das Holz dann auf dem Rücken zum Opferplatz tragen. Als Nächstes galt es, die Feuerstelle geschickt zu schichten. Es gab verschiedene Methoden. Die einen schworen darauf, nur sehr dicke Stämme als Grundlage zu verwenden, die anderen legten Stämme mittlerer Größe in die Mitte. Jeder hatte seine eigenen Tricks auf Lager, um ein wirklich schönes, großes Feuer zu entzünden. Es gehörte Erfahrung dazu und ein wenig Glück. Und Selbstvertrauen. Abel hatte viel Selbstvertrauen. Kain weniger. Wer viel Selbstvertrauen hatte, dem gelang alles besser. So war es auch jetzt wieder. Abel hatte die Feuerstelle gerichtet und viele kluge und ein wenig geringschätzige Belehrungen für Kain dabei von sich gegeben.
Kain war genervt. Abel war wie immer besser, klüger, geschickter, selbstbewusster. Und Kain war wie immer der Dumme, der Ungeschickte, der Ängstliche, der Schuldige. Der Rauch von Abels Feuer stieg empor. Kerzengerade! Jahwe war genauso wie alle anderen. Er liebte offenbar dieses Feueropfer und nahm

es gnädig an. Abel triumphierte! »Siehst du«, rief er. »So geht es! Ich habe ein perfektes Rauchopfer dargebracht!« Kains Feuer dagegen wollte nicht brennen. Ladehemmung. Dazu kam auch noch ein besonders heimtückischer Wind, der die winzigen Flammen ausblies, statt sie anzufeuern. Und dann der überhebliche Abel! Kain packte plötzlich eine unsagbare Wut! Er sah nur noch rot! Er stürzte sich auf den Bruder, der Zorn gab ihm eine Kraft, die er sonst an sich nicht kannte. Er packte Abel am Hals und drückte zu. Und drückte und drückte und konnte nicht mehr aufhören, zuzudrücken und zuzuschlagen ... bis Abel endlich aufhörte. Bis er aufhörte, besser zu sein, aufhörte, mit seinen Taten anzugeben, aufhörte, sich aufzublasen ... und aufhörte, zu atmen. Bis Abel tot war.

Da kam Kain zu sich. Er schüttelte den Bruder. Denn jetzt war Abel wieder sein Bruder. Den er doch mochte. Eigentlich. Aber Abel kam nicht mehr zu sich. Er war wirklich tot. Da half kein Schütteln und kein Flehen. Auch kein Weinen. Kain weinte lange um seinen kleinen Bruder und der Schmerz in seiner Brust tat unsagbar weh. Der Zorn, der rote, wo war er? Da nahm Kain den toten Bruder auf die Schultern. Er schwankte ob der schrecklichen Last, richtete sich auf und ging davon. Abels Rauchopfer stieg immer noch kerzengerade in den Himmel hinauf. Nun endlich kam der Wind und entfachte auch Kains Feuer. Und jetzt stieg auch Kains Rauchopfer in den Himmel hinauf. Aber das konnte Kain nicht mehr sehen.

Denn er blickte nicht zurück. Und Jahwe segnete Kain, während dieser fortging, um seinen Bruder zu begraben und seine Heimat für immer zu verlassen.

Was für ein gewaltiger Mythos! Zum Neid als Grundlage gesellen sich der Zorn auf Kains Seite und die Überheblichkeit, der Stolz auf Abels Seite. Zorn und Stolz gehören ebenfalls zu den sogenannten sieben Todsünden. Wenn es uns gelingt, diese Regungen in uns selbst wahrzunehmen in der Absicht, sie zu zähmen und in etwas Positives zu verwandeln, dann kann uns aus dem Zorn eine Quelle der Tatkraft erwachsen. Und aus Überheblichkeit, aufgeblasenem Ego und einem Stolz, der andere herabwürdigt, kann echte Weisheit entstehen. Um solche Verwandlungsprozesse zu gestalten, bleibt uns nichts anderes übrig, als regelmäßig Selbst-Erforschung zu betreiben. Dabei geht es aber nicht darum, uns in selbstquälerischer Weise immer wieder damit zu konfrontieren, wie oft wir heute schon wieder Gefühlen wie Neid oder Zorn aufgesessen sind. Es geht darum, diese Gefühle zunächst wahrzunehmen, zu erkennen. Der Erkenntnis folgt die Analyse, also die Frage nach dem Woher und Warum, dann die Integration, also der Versuch, Erkenntnis und Analyse in Einklang mit dem eigenen Empfinden zu bringen, und schließlich die Verwandlung, die Transformation.

Obgleich Abel in dieser Version der Geschichte nicht völlig unschuldig daran war, dass es zum Brudermord kommen konnte, ist es doch Kain gewesen, der echte Schuld auf sich geladen hat. Der Unterschied zwischen echter Schuld und einem diffusen Schuldgefühl ist sehr bedeutend. Schuldgefühl wird meist in uns hineinmanipuliert, um uns irgendwie kleinzuhalten. Schuldgefühle sind überflüssig und können von uns als solche verabschiedet werden. Echte Schuld aber, zu der müssen wir stehen, wenn wir geheilt werden wollen. Als Kain seinen Bruder erschlagen hatte und sah, was er getan hatte, da nahm er die Schuld auf sich. Kain hat seine Tat wirklich leidgetan und er akzeptierte die Konsequenzen, indem er den Bruder begrub und anschließend die Heimat freiwillig verließ, um in der Fremde ein neues Leben zu beginnen. Wie, in welcher Körperhaltung ging Kain mit Abel auf den Schultern fort?

Als Kind fragte ich mich, wie Gott so ungerecht sein konnte. Ich fand, dass Gott eigentlich der Schuldige war, weil er Kains Opfer nicht annahm. Wäre dieser Gott ein gerechter Gott gewesen, dann wäre es überhaupt nicht zum Brudermord gekommen. In der Bibel steht ja nichts davon, warum Gott Abels Opfer annahm, während er Kains Opfer unbeachtet ließ. Da waren einfach nur zwei Brüder, gleichwertig, die sich der höchsten Machtinstanz näherten. Und dieser Gott schien grundlos und nach Belieben den einen zu bevorzugen und den anderen zu benachteiligen. Gott müsste doch jeden gleich lieben, so dachte ich.

Obwohl Kain den eigenen Bruder getötet hat, wird er doch von Gott gesegnet, nachdem er die Gewalttat bereut und den toten Bruder auf seinen Schultern davonträgt, um ihm die letzte Ehre zu erweisen. Das soge-

nannte Kainsmal gilt ausdrücklich als der besondere Segen Gottes. Eigentlich ist es ja absurd, wie dieser Gott zuerst Gefühle von Benachteiligung und Zurücksetzung hervorruft, deren Eskalation im Totschlag endet, um dann anschließend den Mörder zu segnen, ihm Verständnis entgegenzubringen und ihm schließlich zu verzeihen und einen Neubeginn zu erlauben.
Das jeweilige Gottesbild ist ja immer auch das Spiegelbild der Entwicklungsstufe einer Gesellschaft. Wenn wir uns als Gesellschaft weiterentwickeln wollen, dann wäre es logisch, zuerst dafür zu sorgen, dass Gefühle von Ungerechtigkeit und Benachteiligung nicht so leicht entstehen können. Wenn es jedoch zu Gewalt in der Gesellschaft kommt, dann wäre es unsere gemeinsame Aufgabe, nicht nur für die Opfer, sondern auch für die Täter ein gewisses Mitgefühl aufzubringen. Auch wenn dieses Mitgefühl den Täter nicht davon entbindet, die Konsequenzen seiner Handlung zu tragen. Im Idealfall sollte die Gemeinschaft es ermöglichen, dass ein Täter, ein Mörder sogar, die Konsequenzen seiner Tat in aufrechter, aufrichtiger Geisteshaltung tragen kann. Weil er dazu steht, dass er einen großen Fehler begangen hat. Weil es ihm aufrichtig leidtut. Und weil er bereit ist, dafür geradezustehen und nach einer Form von Wiedergutmachung strebt.

Abraham erwacht

Urvater Abraham erwachte und erschrak. Er hatte geträumt, dass sein einziger Sohn als Blutopfer dargebracht wurde. Zu jener Zeit war es üblich, den Göttern Opfer zu bringen. Zwar lehnte es Abrahams Gott ab, Menschenopfer anzunehmen. Jedenfalls war es bisher so gewesen. Aber nun dieser Traum! Hatte Abrahams Gott seine Meinung geändert? Abraham hatte schon oft beobachtet, dass Gewalten wie Sturm oder Dürre sich durch Opfergaben besänftigen ließen. Je kostbarer das Opfer, umso größer die Wahrscheinlichkeit, dass Gott sich beruhigte in seinem Zorn.

Vorsorglich wurden daher vom Stamm regelmäßig große Opfer-Zeremonien vollzogen. Die Menschen waren pragmatisch. Sie opferten ihre Ziegen und Lämmer und aßen das Fleisch anschließend selbst. Nachdem es von ihrem Gott gesegnet worden war. Dieses Fleisch galt als besonders nahrhaft, weniger für den Körper als vielmehr für den Geist. Die Todesangst der Tiere übertrug sich auf den Geist der Fleischesser und führte dazu, dass die Fleischesser selbst scheinbar keine Angst mehr vor dem Tod hatten. Die Überflutung des Geistes mit der Angst der Tiere schaltete die eigene Angst einfach ab. Wegen Überlastung. In den gefährlichen alten Zeiten konnte das unter Umständen hilfreich sein. Schließlich lauerte ja an jeder Ecke der Tod. Aber von diesen Zusammenhängen wusste Abraham damals freilich nichts.

Abraham war ein Seher und er hatte den eigenen, einzigen Sohn auf dem Blutaltar gesehen, wenn auch »nur« im Traum! Für ihn hatte der Traum eine andere Bedeutung als für uns heute. Wir würden uns vielleicht beim Aufwachen gruseln, uns aber nichts weiter denken und einfach am Morgen an unsere Arbeit gehen, als wäre nichts geschehen. Als Seher war Abraham jedoch auch Traumdeuter. Und an diesem Traum gab es nicht viel herumzudeuten. Zur Zeit Abrahams wurden überall im Land von allen Stämmen, mit Ausnahme des Stammes der Israeliten, Menschen geopfert. Das war ganz legal. Nach dem Zufallsprinzip wurden junge Menschen dazu »auserwählt«, die Opfer zu sein. Man nahm sie gefangen, sperrte sie ein und etwas später wurden sie gefesselt zum Heiligen Stein geführt und dort getötet. Der Stein war sehr fleckig.

Dasselbe sollte nun auch mit Isaak geschehen? Nein! »Jetzt«, hatte Gott im Traum gesagt, »bei Sonnenaufgang.« Abraham war verzweifelt, denn er mochte seinen Sohn wirklich. Isaak war ein guter Junge. Das Pflichtgefühl und der Gehorsam seinem Gott gegenüber waren jedoch so stark, dass Abraham Isaak wachrüttelte: »Wir müssen aufbrechen, Feuerholz holen …« Isaak hätte lieber noch länger geschlafen, denn nachts hütete er lange das Feuer und bewachte die Herde. Und Isaak wunderte sich. Das Feuerholz holten doch für gewöhnlich die Frauen! Doch er stand auf, spritzte sich eisig kaltes Wasser ins Gesicht, zog seine Felllappen-Schuhe an und folgte dem

Vater. Die beiden nahmen den Weg zum nahe gelegenen Berg und luden sich unterwegs Holz auf die Schultern. Oben auf dem Berg zeigte der Vater dem Isaak einen geheimen Ritualplatz, in dessen Mitte sich ein großer Opferstein und eine Feuerstelle befanden. Sie schichteten das Holz in die Feuerstelle. Isaak wollte das Holz in der Form eines Freudenfeuers legen, doch der Vater gab ihm die Anweisung, ein Opferfeuer zu bereiten.

Isaak begann langsam, das mitgebrachte Holz zu einem Opferfeuer aufzuschichten. Er ging dabei sehr sorgfältig vor, denn er war ja das, was Abraham einen »braven Jungen« nannte. Als der Altar fertig war, richtete Isaak sich auf, schaute dem Vater in die Augen und fragte: »Wo ist das Opfer?« Abraham bat seinen Sohn, ihm die Hände zu reichen, band sie mit einem Strick. Isaak ließ sich widerstandslos fesseln und auf den Opferstein legen. Abraham setzte sein großes Messer auf die Brust des Sohnes. Exakt in diesem Moment fiel der erste Strahl der aufgehenden Sonne auf die Waffe. Das Licht spiegelte sich im Metall und Abraham und Isaak hörten den geheimen Namen Gottes in ihren Herzen.

Nach einer Weile des Innehaltens steckte Abraham die Waffe in die Scheide zurück. Er löste Isaaks Fessel und reichte ihm die Hand, um ihm aufzuhelfen. Vater und Sohn sahen sich an und betrachteten dann die Sonne bei ihrem Aufgang. Schweigend.

In das rotgoldene Farbenmeer des Himmels hinein gab Abraham seinem Gott ein Versprechen: »Das

nächste Mal, wenn du mir wieder etwas aufträgst, was mir das Herz im Leib zerreißt, dann sage ich gleich von Anfang an: ›Nein! Das tue ich nicht!‹«
Was Isaak in jenem Moment der aufgehenden Sonne mit seinem Gott besprach, das können wir nur ahnen. Vielleicht staunte er über die Wege Gottes. Denn Isaak hatte in jenem Moment, als das Schlachtmesser des Vaters auf sein Herz gerichtet war, etwas gespürt, das größer war als seine Angst und größer als die Gesetze, die nach den Aussagen der Priester von Gott selbst stammten. Isaak hatte das Ringen gespürt, das in der Brust des Vaters stattfand. Und er hatte gespürt, wie in Abraham ein neues Gesetz die Oberhand gewann. Ein Gesetz, das keinen Namen hatte und keinen Paragrafen.

Wir können mit dieser Geschichte eine heilsame Parallele ziehen zum Tod auf dem »Feld der Ehre«, wie es so schön heißt. Wenn unsere Söhne in den Krieg geschickt werden, ist das nicht dieselbe Art von Gehorsam, die hier gefordert wird? Eine höhere Macht kommt und sagt: »Opfere deinen eigenen Sohn!« Was wäre eigentlich, wenn alle Väter aufstehen und sagen würden: »Nein, das tue ich nicht. Meine Söhne kriegt ihr nicht!«?
Wir können auch nach der Rolle der Frau fragen. Abraham hatte eine Ehefrau und Isaak eine Mutter, die hieß Sarah. Dass Isaak überhaupt auf die Welt gekommen war, kam einem Wunder gleich, denn Sarah war schon sehr alt, als sie mit Isaak schwanger wurde. Warum hat Abraham nicht Sarah um Rat gefragt, als er diesen Traum

empfing und in seinem getreuen Gottesgehorsam Isaak opfern wollte? Was hätte Sarah geraten? Was hätte Sarah getan?
Die letzte, noch tiefer reichende Frage lautet: Was ist das eigentlich für ein Gesetz, das keinen Namen und keinen Paragrafen hat? Woran erkenne ich, dass das ungeschriebene und wortlose Gesetz des Herzens nun in mir wirkt? Die Antwort auf diese Frage kann meiner Meinung nach nur jeder in sich selbst finden. Ich halte dieses »Gesetz des Herzens« für ein eingeborenes Wissen. Es ist ein Wissen, das über Information weit hinausgeht und das ohne Worte immer vorhanden ist. Es ist ein Wissen, das unser Menschsein ausmacht, wenn wir es gefunden haben. Auch das Wort »Gewissen« drückt es nur unvollständig aus. Wenn ich hier eine fertige Antwort liefern würde, hätte ich den Eindruck, an der Oberfläche des Geistes herumzuplantschen, während die Geschichten doch den Leserinnen und Lesern das Hinabtauchen in die Tiefe des Sees gewähren wollen.

Hinduistische Geschichten

Ein Lächeln von Schalkheit ergoss sich
über den Himmel,
als du mein Herz in Lumpen kleidetest
und es hinaussandtest auf die Straßen zu betteln.
Es ging von Tür zu Tür und manch einmal,
wenn seine Schale fast voll war, wurde es
beraubt.
Am Ende des beschwerlichen Tages
kam es an deine Palastpforte
und hielt dir seine klägliche Schale hin,
und du kamst und nahmst es bei der Hand
und setztest es neben dich auf deinen Thron.

Rabindranath Tagore (1861–1941),
bengalischer Dichter und Philosoph

Ganesha verliert Kopf und Kragen

Parvati und Shiva hätten eigentlich glücklich sein können. Sie lebten im Götterhimmel und waren eines der mächtigsten und berühmtesten Ehepaare an diesem Ort. Shiva war einzigartig als Gott der Zerstörung und der Vergänglichkeit. Er brauchte keine Konkurrenz zu fürchten. Weder von Brahma, der für das Erschaffen und Entstehen zuständig war, noch von Vishnu, der für Erhalten und Bewahren die Verantwortung trug. Shiva hatte sogar besonders viele Anhänger in Indien und viele seiner Fans sahen in ihm alle Aspekte vereinigt. Denn wie sollte irgendein Ding zerstört werden können, wenn es nicht zuvor erschaffen und zumindest für einen Augenblick in der Existenz gehalten worden wäre? Shiva hatte sogar einst dem gewaltigen Fluss Ganga den Weg zur Erde hinab gebahnt. Denn Ganga sprang einfach aus dem Himmel herab in freiem Flug auf die Erde und Shiva fing sie beherzt auf seinem Haupt auf und erlaubte

ihr über sein Haar einen sanften Eintritt in das Himalaya-Gebirge.
Shiva war ohne Zweifel der strahlendste Held des Universums und somit ohne Unterlass beschäftigt und ständig unterwegs. Parvati, seine Gemahlin, die sich innigst ein Kind von ihm wünschte, hatte es daher nicht leicht, überhaupt schwanger zu werden. Deshalb war sie nicht ganz so glücklich, wie sie hätte sein können. Als Shiva wieder einmal nicht zu Hause war, begab sich Parvati zusammen mit ihren Freundinnen ins Badehaus. Dort ließ sie sich ihren wunderschönen Leib über und über mit Schlamm und Lehm einreiben und massieren. Anschließend formte sie gemeinsam mit den Freundinnen aus diesem Lehm den Körper eines Kindes. Sie begossen das Baby mit Wasser von Mutter Ganga und erweckten es so zum Leben. Im Götterhimmel ist schließlich alles möglich. Böse Zungen behaupteten allerdings lange, dass das Kind eigentlich von Vishnu stamme. Denn auch die Götter und Göttinnen vertreiben sich die Zeit, die dort im Himmel gar nicht existiert, gerne mit Geschwätz. Parvati nannte ihren Sohn Ganesha.
Ganesha wuchs heran, und da Shiva sich seit Ewigkeiten nicht zu Hause hatte blicken lassen, waren Sohn und Stiefvater sich noch nie begegnet. Parvati hatte niemanden, der sie beschützte, und so übernahm Ganesha diese Rolle. Wenn Parvati badete, und sie badete gern und oft, dann stellte sich Ganesha als Wächter vor das Badehaus. Wenn Parvati

schlief, wachte Ganesha vor der Schlafzimmertür. Eines Tages – Parvati badete gerade voller Wonne in Himmelswasser – kehrte Shiva endlich zurück. Natürlich hatte er seine Ankunft nicht angekündigt. Shiva stürmte also sofort zu seiner Frau und war einen Augenblick verwundert über den Türwächter, der es wagte, ihm den Zugang zu seiner nackten Ehefrau zu verwehren. Ganesha war ja noch jung und tat sein Bestes, Parvati zu beschützen. Aber er hatte gegen den starken Shiva keine Chance. Shiva schlug ihm kurzerhand in flammendem Zorn den Kopf ab und eilte ins Badehaus. Dort wurde er jedoch nicht gerade herzlich empfangen. Parvati war außer sich, als sie sah, dass Shiva ihren Sohn getötet hatte. Aber der junge Ganesha war nun einmal enthauptet und eine solche Tat konnte nicht rückgängig gemacht werden. Das ist nicht einmal den Göttern möglich. Da befahl Shiva, man möge ihm den Kopf des ersten Lebewesens bringen, das daherkam. Shivas Diener brachten den Kopf eines Elefanten. Shiva nahm den Elefantenkopf und setzte ihn dem kopflosen Ganesha auf den Hals. Er sprach eine mächtige Heil-Formel und Ganeshas Leben war gerettet. Das war die zweite und eigentliche Geburt Ganeshas.

Wie mag sich Ganesha wohl in seiner Rolle als Beschützer der Mutter gefühlt haben? Viel zu jung mit einer Aufgabe betraut, die seine Kräfte überstieg. Wie soll ein kleiner Junge die Mutter vor allen Gefahren schützen? Was ist eigentlich die größte aller Gefahren? Ein anderer

Mann etwa? Dann Ganeshas Unvermögen, diese größte Gefahr für die Mutter zu bannen. Die Auseinandersetzung mit einem Mann, der viel stärker ist als er. Schließlich das große Versagen, denn Ganesha kann den Mann nicht daran hindern, zur Mutter vorzudringen. Er wird von diesem Mann brutal niedergemetzelt, sogar beinahe getötet. Zwar kommt Ganesha doch noch mit dem Leben davon, ist aber entstellt und muss für den Rest seines Lebens anders sein als alle anderen Götter im Hindu-Himmel. Die Mutter ist nun wieder mit Shiva zusammen und braucht Ganeshas Schutz nicht mehr. Ganesha ist allein und zunächst sehr traurig. Deshalb isst er viele Süßigkeiten und wird dick davon.

Die Geschichte kann heilsam für uns sein, wenn wir in unserer Kindheit körperlich oder emotional von den Eltern oder einer anderen Person aus unserem näheren Umfeld missbraucht wurden. Sei es als lebender »Schutzschild« oder als Objekt der Grausamkeit, des impulsiven Zorns oder der Gewalt, auch sexueller Art. Ganesha hat überlebt! Das ist zunächst das Wichtigste. Weil das menschliche Leben so kostbar ist. Die indischen Weisheitslehren besagen, dass es nichts Kostbareres im ganzen Universum gibt als das menschliche Leben! Weil nur Menschen erkenntnisfähig sind und aus dem ewigen Kreislauf von Leben und Leiden, Sterben und Wiedergeborenwerden aussteigen können.

Der Stiefvater hat zumindest einen Versuch der Wiedergutmachung erbracht. Wir können darüber nachdenken, ob es solche Gesten in der krankmachenden Familiensituation vielleicht auch gab. Shivas Wiedergutmachung war allerdings ebenfalls von brutaler Art. Er hat einen Elefanten umbringen lassen! Offenbar fällt dem Krieger Shiva nichts Besseres ein, als zu töten. Man kann sich auch fragen, was eigentlich aus dem armen Elefanten wurde. Vielleicht ist es ja derselbe Elefant, der in die nächsthöhere Etage der Götterwelt aufstieg, als edles Reittier von Indra, dem allerhöchsten Krieger. Ganesha lebt, wenn auch zum Elefantenmenschen entstellt, und macht das Bestmögliche daraus. Seine Verletzung verwandelt sich zu seinem Markenzeichen, zu seiner einzigartigen Individualität. Er nimmt seine Wunde an, zeigt sich, so wie er ist – wird schließlich weise. Am Ende wächst er immer mehr in seine neue Rolle als elefantenköpfiger Beschützer der ganzen Menschheit hinein.

Missbrauchserfahrungen rufen manchmal eine besonders starke Neigung zu Suchtverhalten hervor. Bei Ganesha ist es die Ess-Sucht. Vielleicht kann die Hinwendung zu Ganesha als »Patron« auch hier heilsam sein. Wer Ganesha mag, kann eine persönliche Beziehung zu ihm aufbauen, auch wenn es sich »nur« um eine Fiktion handelt. Seit Jahrzehnten werden in der modernen Seelenheilkunst innere Bilder und Fiktionen als Instrumente benutzt. Das Entstehen von inneren Bildern lässt sich willentlich fördern und lenken. Wie im Traum werden wir in die astrale Welt der Bilder und Filme geführt und können dort neue geistige Realitäten erzeugen, die sich auf unsere Gesundheit positiv auswirken.

Woher kommt Ganeshas Beliebtheit? Vielleicht liegt es daran, dass sich ein Teil unserer Seele mit Ganesha und seiner Geschichte identifiziert. Wer von uns ist nie vom

Vater oder einem anderen mächtigen Mann, etwa einem Vorgesetzten, völlig zu Unrecht beschimpft oder sogar misshandelt worden? Wem wurden niemals Wunden zugefügt? Welcher kleine Junge wollte nie der Beschützer der Mutter sein und war damit überfordert?

Ganesha und die Ratte

Ganeshas jüngerer Bruder Kartikeya hatte gerade eben sein Reittier, den Pfau, bestiegen und war mit seinem aus Licht gefertigten Speer aufgebrochen, um die Feinde der Götter zu besiegen. Kartikeya war ganz nach dem Vater geraten: ein Kriegsgott, schwer bewaffnet, stets in Alarmbereitschaft und ständig unterwegs. Ganesha dagegen, der wegen seiner Leibesfülle ohnehin der langsamste aller Götter war, stand mit leeren Händen da. Alle Götter im Götterhimmel hatten ein Reittier, nur er hatte nicht einmal das! Ganesha setzte sich auf einen Stein und war traurig. Ein dicker Gott ohne Reittier, dem vom Vater der Kopf abgerissen worden war. Was für ein Leben!

Da kam eine Wanderratte des Weges. Auf ihrer Reise hatte sie das Tor zum Götterhimmel entdeckt und war einfach hereinspaziert. Ratten sind ja überaus beweglich und haben sich im Lauf der Zeit über die ganze Erde verbreitet. So war es kein Wunder, dass eine aus ihrer Spezies nun sogar den Eingang zum Paradies gefunden hatte. Die Ratte war erstaunt über die seltsame Gestalt Ganeshas und auch darüber, dass Tränen aus den Augen des Elefanten-Gottes kullerten. Sie setzte sich vor Ganesha auf den himmlischen Rasen und fragte behutsam, warum er denn so traurig sei. Ganesha erzählte, dass alle Göttinnen und Götter im Paradies ein wunderbares, starkes und edles Reittier ihr Eigen nannten, nur er nicht. Alle prachtvollen Tiere waren schon vergeben. Er war zu spät gekommen und jetzt gab es kein Tier mehr, das eines Gottes würdig sei. Die Ratte wollte nun genauer wissen, was denn eigentlich der Unterschied sei zwischen einem edlen, starken und mächtigen Tier und einem schmutzigen, hässlichen und ekelerregenden, eben so einem wie ihr, der Ratte. Ganesha dachte sehr lange nach, grübelte hin und her, aber er konnte letztlich keinen Unterschied finden. So begann Ganesha, die Ratte wegen dieser Frage und wegen ihrer Weisheit gernzuhaben, und er bewunderte ihre Intelligenz und die Stärke ihres Geistes. Er bat sie, sein Reittier zu werden. Die Ratte willigte freudig ein. »Mein Name ist Vahana. Das will ich sehen, wie du mich reitest!«, lachte sie, und seither sind Ganesha und Vahana unzertrennliche Freunde.

Im hinduistischen Himmel haben die Götter und Göttinnen ein jeweils charakteristisches Reittier. Manche Reittiere spielen eine besondere Rolle in den Mythen und haben Namen und eine eigene Identität. An ihren Reittieren kann man die Götter und Göttinnen gut voneinander unterscheiden, denn der Hindu-Himmel ist ziemlich stark bevölkert. Parvati, die Mutter Ganeshas, reitet auf einem Löwen. Shiva, der Gemahl Parvatis, hat einen weißen Stier als Reittier gewählt und Indra, der heute nahezu vergessene Gott des Sturmes und des Krieges, sitzt auf einem weißen Elefanten. Agni, der Feuergott, wird von einem Widder begleitet und Vishnu, der Alles-Durchdringende, fliegt auf dem Rücken von Garuda, dem Adler, durch das Universum. Vishnus Bruder Brahma, der Schöpfer der Welten, sitzt auf einem weißen Schwan. Und Yama, der Todesgott, erscheint auf einem schwarzen Büffel, wenn er die Menschen vom Leben zum Sterben begleitet.

Wir sehen, der Götterhimmel ist voll von starken, mächtigen, gewaltigen und Respekt einflößenden Tieren, die den Göttern und Göttinnen große zusätzliche Macht und großes zusätzliches Ansehen verleihen. Jede Gottheit hat sich mittels Begleittier sozusagen mit einem Alleinstellungsmerkmal umgeben und das Markenzeichen Ganeshas ist die Ratte, ein Tier, das wir hier im Westen mit der Pest in Verbindung bringen, mit Tod, Krankheit und Ekel. Wenn wir jedoch über unseren Tellerrand hinausschauen in die Kulturgeschichte Indiens, dann sehen wir, dass Ratten dort als höchst intelligente Tiere und als Lebenskünstler verehrt werden, die aus jeder Lebenssituation das Beste zu machen verstehen. Ratten sind Allesfresser und können sich selbst von Abfällen, Pappe oder gar Seife ernähren. Sie gelten auch als äußerst bescheiden.

Die heilsame Frage in unserer Geschichte ist vor allem die Frage der Ratte nach dem Unterschied zwischen schön und hässlich, zwischen gut und schlecht. Menschen, die sich auf der Weisheitsebene weiterentwickeln möchten, üben sich darin, Bewertungen zu beobachten und dann wieder in den Ur-Grund des eigenen Geistes zurückfallen zu lassen. Wenn Emotionen auftauchen, die von einem Kollektiv als »negativ« angesehen werden, wie etwa Ablehnung oder Ekel, dann können diese Gefühle durch die Art von Weisheit kontrolliert werden, die auf einer sehr tiefen Ebene die Einheit aller Erscheinungen erkennt. Wenn wir wirklich zutiefst verstehen, dass wir nicht bedeutsamer sind als eine Ameise und genauso bedeutsam wie die Sonne, dann haben wir die Weisheit erreicht, die uns die Ratte Vahana zeigt.

Ganesha lernt schreiben

Brahma, der Schöpfergott, fühlte sich eines Tages berufen, für Ganeshas Erziehung zu sorgen. Er beauftragte den Weisen Vyasa damit, ein großes dichterisches Werk zu ersinnen und bei der Gelegenheit Ganesha das Schreiben beizubringen. Nach dem Willen Brahmas sollte der Weise den Text komponieren und Ganesha sollte ihn unverzüglich niederschreiben. Brahma hatte sich selbst noch nie als Schriftsteller betätigt und meinte, die Sache könne so schwierig nicht sein. Die Weltgeschichte aufschreiben und dabei alles sagen, was für die Menschen wissenswert sei: Nichts einfacher als das! Vyasa wusste ja bereits alles, nicht umsonst wurde er schließlich als Weiser betitelt. Es musste nur noch aufgeschrieben werden.

Und Ganesha würde noch nebenbei lernen, wie die Buchstaben hintereinander so anzuordnen sind, dass sie einen Sinn ergeben. Das Werk würde sicherlich in kurzer Zeit vollendet sein. Der eine denkt, der andere schreibt. So stellte Brahma sich das vor!
Vyasa und Ganesha erklärten sich zur Zusammenarbeit bereit. Vyasa aber bestand darauf, dass Ganesha nur aufschreiben solle, was er auch wirklich verstanden habe. So erhoffte sich der Weise die nötigen Ruhepausen zum Denken.
Ganesha hatte natürlich keinen Stift dabei. Kurzerhand brach er ein Stück von seinem Stoßzahn ab, spitzte ihn zu, und schon war der göttliche Kugelschreiber gebrauchsfertig. Vyasa begann zu texten: »Was hier gefunden wird, kann woanders auch gefunden werden. Was hier nicht gefunden werden kann, kann nirgends gefunden werden.« Ganesha verstand überhaupt nicht, wozu sie sich die Mühe machen sollten, etwas aufzuschreiben, was doch woanders schon längst geschrieben stand. Doch Vyasa erklärte Ganesha, wie wunderbar es sei, vom Hauch der Eingebung berührt zu werden und diesen Wind in die Welt hinauszutragen. »Obwohl es überall zu finden ist, wird es nicht gefunden werden, wenn wir beide es nicht für UNSERE Leser auffindbar machen.« Das konnte Ganesha einigermaßen verstehen und Vyasa war von den weiteren Fragen Ganeshas so inspiriert, dass sich scheinbar mühelos Wort für Wort und Satz für Satz eine einzigartige Geschichte rund um erbitterte Bruderkriege, die Gesetze von Ursache

und Wirkung, die Ethik des Menschen, die Rolle der Frauen, das Leben der Geschöpfe und Tod und Wiedergeburt und noch vieles mehr ergab. So entstand das bedeutendste Epos Indiens. Es heißt »Mahabharata«, »die große Geschichte der Bharatas«, und ist eines der umfangreichsten und tiefsinnigsten literarischen Werke der Weltgeschichte.

Wenn wir uns also jemals schämen sollten, eine Frage zu stellen, ganz besonders eine sogenannte dumme Frage, dann sollten wir uns an Ganesha erinnern, der mit seinen »dummen« Fragen der Ideengeber für das Mahabharata war, über dessen Auslegung sich die Gelehrten bis heute die Köpfe zerbrechen!

Ganesha und die rechte Braut

Parvati und Shiva nahmen sich einst ein wenig Zeit, um mit ihren beiden himmlischen Söhnen zu spielen. »Lasst uns Orakel spielen!«, schlug Parvati vor. »Wer von euch beiden wird zuerst heiraten? Kartikeya oder Ganesha?« Das weckte sogleich die Neugier der beiden und sie wollten wissen, auf welche Weise Parvati das wohl herausfinden könnte. »Wer von euch beiden als Erster das ganze Universum umrundet hat, der wird auch als Erster heiraten!«, rief Parvati und klatschte in die Hände. Kartikeya schwang sich, ohne zu zögern, auf seinen Pfau und sauste davon wie der Blitz, noch bevor Ganesha richtig verstanden hatte, worum es überhaupt ging. Das ganze Weltall? Ganesha bat die Ratte Vahana freundlich, sich in Bewegung zu setzen. Die Ratte jedoch, anstatt in die Ferne zu preschen, umrundete in aller Gemütsruhe das Elternpaar Shiva und Parvati. Während die beiden diesen kleinen Kreis vollendeten, dachte Ganesha darüber nach, was sie hier eigentlich taten. Als sie wieder vor dem Angesicht des Götterpaares angekommen waren, verbeugten sie sich tief und Ganesha sprach: »Shiva, du bist die Verkörperung aller Formen und trägst die Namen und Gesänge aller Dinge auf deiner Zunge, sodass sie auf dein Wort hin entstehen und vergehen. Du, Parvati, bist die Ausstrahlung der freien, gestaltlosen Energie, die in allen Dingen wohnt. Ihr beide zusammen seid also das gesamte Universum! Deshalb haben Vahana und ich euch umkreist!« Shiva und Parvati schauten sich verdutzt an, konnten sich der Logik aber nicht entziehen und erklärten Ganesha zum Sieger.

Als Kartikeya Jahre später nach Hause kam – denn verständlicherweise war sein Weg um das äußere Universum herum viel länger –, musste er die Überlegenheit Ganeshas anerkennen, wenn es ihm auch nicht leicht fiel. Er zog sich in die Einsamkeit des Himalaya zurück, denn so wie das Orakelspiel gelaufen war, musste er nun warten, bis Ganesha als Erster geheiratet hatte. Erst dann kam auch für ihn die Ehe in Frage. Kartikeya, der seinen Bruder besser kannte als jeder andere, rechnete mit Jahrhunderten, wenn nicht noch länger. Obwohl sich die beiden Töchter

Brahmas, die schönen Schwestern Siddhi und Bodhi, als Ehefrauen für die beiden Brüder anboten, wollte Ganesha vorerst lieber nichts von einer Heirat wissen. Siddhi versprach außerordentlichen Erfolg bei allen Unternehmungen und Bodhi große Weisheit. »Es tut mir leid. Doch ich kann nur eine Frau nehmen, die ebenso schön ist wie meine Mutter!«, meinte Ganesha. Obwohl die beiden Brüder gelegentlich mit den schönen Schwestern spielten, wartet Ganesha noch heute darauf, dass ihm die richtige Frau begegnet. Doch wer weiß, vielleicht hat er sie inzwischen gefunden? Aber das ist eine andere Geschichte.

Ich darf es leider nicht verraten. Aber ich weiß, wer die Glückliche ist! Und ich freu mich schon heute auf das Fest, das gefeiert wird, wenn die beiden endlich heiraten! Doch Scherz beiseite. Wir haben es hier ganz ernsthaft mit der Frage zu tun, warum Ganesha immer noch nicht verheiratet ist. Immerhin ist er bereits mehrere Tausend Jahre alt. Die Liebe des Sohnes zur Mutter verhindert hier wohl die gesunde Entwicklung Ganeshas. Es ist ganz natürlich, dass kleine Buben, wenn sie etwa drei oder vier Jahre alt sind, die Mutter heiraten wollen. Und umgekehrt wollen natürlich auch kleine Mädchen den Vater heiraten. Die Frage ist dann, wie wir als Eltern liebevoll und behutsam diese erste Zurückweisung in Liebesdingen ausdrücken. Im Idealfall erklären wir unserem Kind, dass wir den Heiratsantrag sehr zu schätzen wissen, dass wir uns aber schon für den Vater als Ehemann entschieden haben, und weisen dann in die Zukunft, in-

dem wir unserem Sohn »weissagen«, dass er gewiss eine Frau finden wird, die sogar noch schöner ist als die Mutter. Wenn das Kind dagegen verspottet wird, eine schroffe oder kalte Abfuhr erhält, könnte das womöglich wegen des heftigen Schmerzes der Zurückweisung aus dem Unbewussten heraus die spätere Kontaktaufnahme zum anderen Geschlecht erschweren. Wenn die Eltern andererseits ganz versäumen, gemeinsam mit dem Kind das Problem zu lösen, dass die Mutter bzw. der Vater ja bereits verheiratet ist, dann kann genau diese Verweigerung eintreten, wie wir sie bei Ganesha sehen. Ganesha und Kartikeya bleiben beide in einer gewissen Unreife des Junggesellentums stecken. Sie spielen zwar mit schönen Frauen, aber heiraten? Die Liebe zwischen Mann und Frau ist nicht nur ein schönes Gefühl, sondern vor allem eine Entscheidung. Gefühle kommen und gehen. Aber eine reife Entscheidung für den geliebten Menschen kann wie ein Anker in schwierigen Zeiten wirken, wenn das Schiff unserer Liebesbeziehung von heftigen Stürmen hin- und hergerissen wird.
Am Anfang der Geschichte steht der klassische Konflikt zwischen Männern, angestachelt von der schönen Parvati. »Wer von euch beiden ist schneller?« Schneller, größer, höher, besser ... Ganesha und Vahana, die Ratte, lassen sich gar nicht darauf ein, sondern antworten mit einer scheinbar paradoxen Umrundung des göttlichen Ehepaars. Die Begründung für diese Handlung ist von tiefer Weisheit: Das gesamte manifestierte Universum besteht aus dem Gegensatzpaar Form, also Materie, und freie Energie. Letztlich sind die beiden eins, eine

Einheit: Materie ist nichts anderes als freie Energie und freie Energie erscheint uns als Materie.
Wenn wir uns dieser Weisheit Ganeshas und seiner Ratte anschließen, dann lassen wir das Streben nach »schneller, größer, besser, mehr und noch mehr« hinter uns und werden zu den wirklichen Gewinnern in diesem Wettstreit, den wir ja im übertragenen Sinne auch als Menschheit immer noch austragen.

Buddhistische Geschichten

Aus tiefstem Herzen sage ich euch allen:
Leben und Tod sind eine ernste Sache.
Alle Dinge vergehen schnell
und kein Verweilen kennt der Augenblick!
Darum seid achtsam
und vergesst es nicht.

Abendspruch im Zen-Sesshin

Die Geburt der Tara

Avalokita war wie besessen davon, alle Wesen zu befreien. Er lebte seit Ewigkeiten und hatte bereits unzählige Wesen gerettet. Er tat tagaus, tagein nichts anderes als retten und befreien, und er liebte seine Arbeit. Die Wesen waren in die Fallstricke der großen Illusion geraten, hatten sich darin verheddert und Avalokita löste die Fesseln, öffnete die Tore und begleitete die Wesen in das Buddha-Land der stillen Freude.

Eines Tages jedoch drehte er sich um, blickte hinter sich und war zutiefst erschüttert. Denn hinter ihm waren unermesslich viele Wesen neu entstanden, die ebenfalls noch gerettet werden wollten. Da verließ ihn für einen Moment der Mut. In der Ewigkeit, in der Avalokita operierte, dauert ein Moment relativ lang, und entsprechend tief war Avalokitas Verzweiflung. Zwar heißt es von den berühmten buddhistischen Heiligen, sie würden den Mut niemals verlieren und ihre Tatkraft kenne keine Grenzen, doch hier war eine Ausnahmesituation eingetreten. Avalokita schaute zurück und Tränen bildeten sich in seinen Augen: »Ich werde es niemals schaffen, sie alle zu retten! Niemals! Es sind so viele! Kaum habe ich Millionen gerettet, sind Millionen neue entstanden! Ich werde niemals fertig werden!« So etwa dachte er und die Tränen rannen ihm übers Gesicht.

Da geschah das Wunder! Aus den Tränen entstieg Tara, die große Befreierin! Sie erschien als makellos schöne Frau. Und was das Beste war: Sie kam nicht allein, sondern in doppelter Ausfertigung. Aus einer Träne war die weiße Tara entstanden und aus einer anderen die grüne Tara. Das war die Geburt der Tara. »Du bist nicht allein!«, sagte sie zu Avalokita. »Wir schaffen es! Gemeinsam werden wir sie alle befreien!«

Um die Heilkraft der Geschichte zu entdecken, können wir uns fragen, ob wir von unserer Charakterprägung her auch zu den Menschen gehören, die große Ziele brauchen, um Begeisterung für eine Sache zu entwickeln. Oder ob wir zu denen gehören, die lieber einen Schritt nach dem anderen gehen und auf die ein Ziel in weiter Ferne abschreckend wirkt. Das eine ist nicht besser oder schlechter als das andere. Es ist einfach eine Frage des Charakters. Unsere Geschichte wendet sich eher an diejenigen, die sich enorm großen Zielen widmen – und dann doch angesichts der Dimension der Aufgabe verzagen und Angst vor dem eigenen Mut bekommen. Avalokita verliert die Begeisterung für seine Arbeit, verzweifelt daran und weint vor Schmerz. Für jemanden, dem es in seinem eigenen Lebenszusammenhang ähnlich ergeht, ist womöglich die Erkenntnis, dass man sich zu viel vorgenommen hat und man scheinbar niemals fertig wird, der erste Schritt in Richtung Heilung. Der zweite Schritt ist das Zulassen der Tränen. Die Erkenntnis, dass man sich selbst überschätzt hat, kann richtig wehtun und der Schmerz wird deswegen lange hinausgezögert: »Es geht schon noch …! Ich muss nur noch diese eine Sache erledigen, dann wird es leichter …« – so lügen wir uns selbst in die Tasche und geben uns Täuschungen hin. Avalokita hat sich die Zeit genommen, verzweifelt zu sein und zu weinen. Das darf sein. Dieser Moment kann uns wie eine Ewigkeit vorkommen. Denn wir haben keine Zeit, um schwach zu sein, um zu weinen und rumzujammern. So meinen wir vielleicht. Doch wenn wir uns diese Zeit für den Schmerz über die eigene Unvollkommenheit zubilligen, kann daraus der nächste Heilungsschritt entstehen: Wir wechseln von der aktiven, stets auf das Tun ausgerichteten Einstellung in die empfängliche und passive Wesensart. Die Tara erscheint! Damit lassen wir zu, dass uns geholfen wird! Aus den Tränen erwachsen gleich zwei Helferinnen! Wenn wir also sehr erschöpft sind, erlauben wir uns einen Rückzug in die Stille und laden dieses Bild in unseren Geist ein: Selbst der unermüdliche Avalokita weint aus Verzweiflung, weil die Aufgabe, der er sich so tapfer gestellt hat, seine Kräfte übersteigt. Und in diesem Moment verwandeln sich seine Tränen in schöne und starke Frauen, weibliche Kräfte, die sich mit ihm zusammentun und ihre Qualitäten zur Verfügung stellen. Wenn wir wollen, können wir dazu das Mantra der Tara rezitieren. Es lautet: Om Tare Tuttare Ture Svaha.

Bei Krankheiten wie Burn-out oder Arbeitssucht, aber auch bei Verzweiflung und Depression kann diese Geschichte heilsam wirken. Innehalten. Schmerz zulassen. Hilfe kommen lassen. Hilfe annehmen. Ich hatte vor Kurzem eine Patientin, die sich völlig verausgabt hatte. Sie liebte ihre Arbeit und hatte sich immer mehr von all den unzähligen Aufgaben aufgeladen, die man annehmen kann, wenn man ein engagierter Mensch ist. Sie hatte über Monate hinweg beobachtet, wie sie immer weniger abschalten und entspannen konnte und wie ihre gesamte Freizeit immer mehr von Gedanken und Gesprächen über »ihre« Arbeit vereinnahmt wurde. Schließlich konnte sie nicht mehr schlafen, Urlaub empfand sie als lästige Pflicht dem Partner gegenüber und sie fand kaum mehr Zeit für ihre Familie und ihre Freunde. Nach langem Hinauszögern mit »Es geht schon wieder«-Sprüchen zog sie zu guter Letzt einen Schlussstrich. Sie brauchte Monate, um ihre »Wichtigkeit« loszulassen. Als ich ihr die Geschichte von der Tara erzählte und mit ihr entsprechende Meditationen übte, begann ein umfassender Heilungsprozess.

Siddhartha und der Wagenlenker

Was für ein Anblick! Der spindeldürre Junge in den Armen seiner in Lumpen gehüllten Mutter. Der zahnlose Alte mit der vernarbten, verbrannten Gesichtshaut, der ihm eine verschmutzte Schale hingehalten hatte. Das Mädchen mit den Rehaugen, das seine seltsam verdrehten Beine hinter sich herschleppte, als es mühsam durch den Schlamm der Straßen kroch. Der Geruch des Toten, den die Angehörigen notdürftig in ein zerschlissenes Laken gehüllt hatten. Siddhartha konnte den Anblick nicht mehr vergessen. Sein treuer Diener und Wagenlenker Channa hatte ihn gewarnt: »Das Leben da draußen, es wird dir nicht gefallen, Herr.« Doch Siddhartha bestand darauf, nur einmal heimlich und unerkannt zu sehen, was draußen vor den Toren des Palastes wirklich vor sich ging. So begleitete Channa seinen Herrn bei dessen unerlaubtem Streifzug durch die Straßen von Shakya. »So ist das halt nun einmal«, hatte Channa gesagt. »Krankheit kann jeden von uns treffen! Heute gesund, morgen lahm!« Genauso sei es mit der Armut. Nicht einmal ein Prinz könne sich einigermaßen sicher fühlen. Besitz kann verloren werden oder geraubt oder verspielt. Nichts ist sicher. Nichts ist beständig. Nicht einmal das Leben selbst.
Siddhartha scheute die Wahrheit nicht. Er war von ungewöhnlicher Intelligenz und wusste, dass sein Vater alles tat, um ihm das Leben als Prinz einer königlichen Familie so angenehm wie irgend möglich zu

gestalten. Er wusste aber auch, dass es nur die halbe Wahrheit sein konnte, wenn ihm bei den Ausfahrten in der königlichen Kutsche fröhliche Menschen in sauber gewaschenen Gewändern zuwinkten. Der Prinz war hervorragend ausgebildet in Verwaltung, Rechtswesen und Organisation eines Königreichs und konnte die Zahlen in den Büchern deuten. Er wusste, dass die Menschen nicht ganz aus freien Stücken winkten und lächelten, sondern weil sie Brot erhielten, wenn sie es taten. Und bestraft wurden, wenn sie es nicht taten.

Prinz Siddhartha jedoch wünschte, dass in Shakya, seinem zukünftigen Königreich, alle Wesen glücklich sein sollten. Sein Vater, der den Sohn in der Tradition der Krieger erzogen hatte, konnte mit diesem Wunsch überhaupt nichts anfangen. Ein Krieger fragte nicht nach dem Glück der anderen. Ein Krieger hatte nach dem Sieg zu fragen! Ein Krieger hatte das Königreich nicht nur zu erhalten, sondern auch zu vergrößern! Ein Krieger hatte zu kämpfen! Nicht zu träumen.

Siddhartha dagegen spürte diesen unwiderstehlichen Drang in sich. »Traum« schien ihm dafür nicht das richtige Wort zu sein. So wie der Vater das Wort »Traum« benutzte, hatte es einen herabwürdigenden Beigeschmack. Freilich schien es vollkommen unmöglich, ein Königreich zu gestalten, in dem alle Wesen – nicht nur die Menschen, sondern auch die Tiere – wirklich glücklich wären. Gerade aber die Ausbildung zum Krieger hatte eine Eigenschaft in Siddhartha geformt, die zur Verwirklichung einer

solchen Vision hervorragend geeignet war. Siddhartha glaubte an sich! Er spürte, dass der Kampfgeist, den seine Erzieher in ihm zu wecken verstanden hatten, sich einsetzen ließ, um den Kampf gegen das Leiden der Wesen siegreich zu bestehen.
»Schau dir diesen Mann gut an!«, hatte Channa gesagt, als ihnen ein dürrer Mann seine Bettelschale hinhielt. Der Mann trug nichts als ein safrangelbes Tuch, das er um die Hüften gewickelt hatte. Als Siddhartha seinem Blick begegnete, erkannte er darin ein seltsames Leuchten. »Das ist ein Asket. Er sucht das Glück in seinem Inneren, nicht in der äußeren Welt.« Mehr hatte Channa nicht gesagt. Channa war kein Mann vieler Worte. Die wenigen Worte aber genügten, um Siddhartha sehr nachdenklich zu stimmen.

In dieser Geschichte sind mehrere heilsame Aspekte verborgen. Siddhartha ging als Buddha Gautama in die Geschichte ein und begründete ein umfangreiches philosophisches und religiöses Werk, den Buddhismus. Channa, den Wagenlenker, kennen dagegen nur wenige. Doch ohne Channa wäre aus dem Prinzen Siddhartha kein Buddha geworden, sondern ein König. Wahrscheinlich wäre er ein gerechter und mildtätiger König gewesen, aber sein Leben wäre ohne diese herausragende Bedeutung geblieben. Ohne Channa gäbe es den Buddhismus nicht, der noch 2500 Jahre nach Channas sparsamer Rede Millionen von Menschen eine heilsame Richtung weist.
Die erste der edlen Wahrheiten des Buddha lautet:

Es gibt Leiden. Diese erste Erkenntnis soll ja nicht dazu dienen, uns zu deprimieren, sondern uns an die Vergänglichkeit erinnern und daran, dass es nicht nur die Sorte Leid gibt, die schmerzhaft ist, sondern auch das Leid der Vergänglichkeit des Glücks. All diese Betrachtungen können hier natürlich nur kurz angedeutet werden. Dem Buddha ging es jedenfalls darum, die Ursache für jegliches Leid zu beseitigen. Und der erste Schritt auf diesem Weg war die Erkenntnis, die Wahrheit, die dem späteren Buddha ein Wagenlenker vermittelt hat. Das zeigt uns auch, wie sehr alles voneinander abhängt und miteinander verwoben ist. Wenn wir selbst im Leben eine eher bescheidene Rolle als »Knecht« spielen, während andere in prächtigen Kutschen sitzen und keine Ahnung vom wirklichen Leben haben, dann brauchen wir uns deswegen gewiss nicht minderwertig zu fühlen. Auch wenn wir wahrscheinlich keine geistigen Werke hinterlassen, die Jahrtausende überdauern, so dürfen wir doch auch ein ganz kleines bisschen stolz auf uns sein. Ich meine Stolz in einem positiven Sinne. Im Sinne von Bewusstsein darüber, wie kostbar unser Menschenleben ist. Channa ist einer von uns »kleinen Leuten«. Er hat dem späteren Buddha die entscheidenden Hinweise gegeben. Ohne ihn hätte Siddhartha niemals damit begonnen, seine vier großen Wahrheiten zu formulieren, die da – zu Ehren Channas in aller Kürze – lauten:

1. Es gibt das Leid.
2. Es gibt eine Ursache für das Leid (Karma und Unwissenheit).

3. Es ist möglich, die Ursachen zu beseitigen (ohne Ursache kein Leid).
4. Es gibt einen Weg, der die Ursachen beseitigt.

So wurde in gewisser Weise eigentlich dieser einfache Wagenlenker zum Begründer einer Weltreligion. Channa war später der Einzige, der Siddhartha auf seinem Weg in die Askese begleitet hat und der wohl auch mit anwesend war, als Siddhartha unter dem Bodhibaum die große Erleuchtung empfing. Im tibetischen Buddhismus wird der Figur des Wagenlenkers noch heute der größte Respekt entgegengebracht. Es soll sogar eine immer wiederkehrende Inkarnation dieses Wesens geben. So zum Beispiel der große Gelehrte Atisha (980–1054), dem ich ebenfalls eine Geschichte gewidmet habe, oder der ehrwürdige Kyabje Trijang Rinpoche (1901–1981), der mehr als 40 Jahre lang der philosophische Berater des Dalai Lama war.

Siddhartha verlässt Frau und Kind

Yasodhara, Siddharthas Frau und Geliebte, sie verstand ihn. Wie oft hatten die beiden miteinander besprochen, was sie von diesem Ausflug ins verborgene Elend von Shakya halten sollten. »Armut erzeugt Wut und Hass!«, hatte Yasodhara gemeint. »Wie würden wir uns fühlen an ihrer Stelle? Wenn wir niemals herauskommen könnten aus diesem Elend, wo es kein Auskommen und kein Einkommen gibt. Keine Heiler, wenn wir krank sind. Kein Brot, wenn wir hungrig sind.« Yasodhara gab all ihren Schmuck, um damit Medizin zu kaufen, und bat Channa, den treuen Freund und Wagenlenker, die Kräutermixturen draußen im Namen Siddharthas zu verteilen. Doch Siddhartha schien das nicht genug. »Auf diese Art lindern wir zwar die Not, und es ist gewiss gut und edel, wenn du dich von deinem Schmuck trennst. Doch es löst das Problem nicht an der Wurzel! Es muss einen Weg geben, das Leiden von seiner Ursache her zu beseitigen. Ich werde diesen Weg finden! Doch dazu muss ich ein Asket werden. Ich muss hinaus in die Einsamkeit, in ein Leben ohne Haus, ohne Familie, ohne irgendeine Sicherheit und ohne jegliche Ablenkung. Nur dort kann ich die Lösung finden! Ich weiß es. Ich habe es in dem kurzen Moment gesehen, als mir der Bettelmönch da draußen in die Augen sah!«

Yasodhara war darauf vorbereitet, dass ihr Gemahl sie eines Tages verlassen würde. Siddhartha gehörte schließlich der Kaste der Krieger an und das Leben eines Kriegers spielte sich nicht unbedingt am heimischen Herd ab.

Yasodhara und Siddhartha liebten sich innig und waren schon seit vielen Leben miteinander verbunden. Einmal hatte Yasodhara in einem früheren Leben sogar einen Pfeil, der Siddhartha gegolten hatte, mit ihrem eigenen Leib abgefangen. Damit Yasodhara in der langen Zeit der Ungewissheit nicht allein wäre, wartete das Paar, bis Rahula, der einzige Sohn der beiden, geboren war. Als Yasodhara das Baby glücklich im Arm hielt, verabschiedete sich Siddhartha von den beiden, obwohl es ihm beinahe das Herz brach. Er versprach, zurückzukehren und ihnen die Früchte seines Sieges zu übergeben.

In dieser Geschichte geht es im Wesentlichen um einen Begriff, der im Buddhismus »Entsagung« genannt wird. Was heißt Entsagung? Wir müssen heute nicht unsere Familien verlassen, um die verschiedenen Heilmethoden kennenzulernen, die unseren Geist von Beschränktheit, Gier oder Hass befreien. Entsagung kann in der heutigen Zeit auch bedeuten, an den zahllosen Einkaufsmöglichkeiten einfach vorbeizugehen und dabei zu wissen: Ja, dieses Kleid würde mir gut stehen. Aber ich brauche das nicht! Natürlich lebe auch ich nicht wie eine Bettelnonne, dennoch empfinde ich es als ausgesprochen befreiend, dass ich mir die Fähigkeit angeeignet habe, die hunderttausend Dinge, die mir als Konsumentin angeboten werden, häufig einfach nur anzuschauen, als ob es sich um eine Ausstellung in einem Museum handelte. Natürlich heißt das nicht, dass wir uns nicht gelegentlich selbst etwa durch den Kauf einer hübschen Handtasche (keine Tierhaut, sondern gefilzt!) verwöhnen oder unsere Liebsten mit Geschenken erfreuen sollen. Das Wichtigste jedoch und was wir wirklich brauchen, um glücklich zu sein, ist ein klares, offenes, weites Bewusstsein, Freundlichkeit und Verständnis für die Jüngeren und Respekt für die Älteren.
Das Wort »Entsagung« hat vielleicht einen Beige-

schmack von Verzicht und Selbstaufopferung. Es meint jedoch vor allem, in den Pfad einzutreten, der uns zur Entwicklung unserer Menschlichkeit führt. Der Wegezoll, den wir für die Entfaltung unseres Potenzials entrichten, das ist der Verzicht auf die Identifikation mit den weltlichen Dingen. Ich bin kein besserer Mensch, wenn ich ein teures Auto fahre oder Designerklamotten trage. Sondern dann, wenn es mir gelingt, mein »Ich« nicht mit materiellen Dingen zu identifizieren. Ein in seinem ganzen Potenzial voll entfalteter Mensch ist man vielleicht erst dann, wenn man wirklich in einem schmutzigen und stinkenden Obdachlosen am Münchner Hauptbahnhof ein äußerst kostbares, einzigartiges menschliches Wesen sehen kann.

Der Buddha und die Mätresse

Eines Tages hielt der Buddha eine Rede und hatte sich zu diesem Zweck unter dem Dach der herzförmigen Blätter eines Pippalbaumes niedergelassen. Zu der Lehr-Darbringung war auch die bekannteste Mätresse des Ortes zusammen mit einigen Kolleginnen gekommen. Die Mätresse war von ungewöhnlicher Schönheit und die Männer lagen ihr in Scharen zu Füßen. Sie war reich, anspruchsvoll und verwöhnt. Die Damen hörten den Lehren des Buddha amüsiert zu. Als die Gelegenheit gekommen war, an den Buddha Fragen zu stellen, meldete sich die Mätresse zu Wort und fragte recht kokett: »Buddha,

wirst du heute Nacht zu mir kommen?« Die Mönche waren entsetzt über die dreiste Frage, während die Mätresse und ihre Kolleginnen kicherten und verführerisch ihre wunderbaren langen, schwarzen Haare hinter sich warfen. Der Buddha antwortete in vollem Ernst: »Ja, ich werde kommen!« Darüber waren die Mönche noch mehr entsetzt und einige wollten die Gemeinschaft sofort verlassen. »Was ist mit dem Buddha los? Uns predigt er Enthaltsamkeit und selbst geht er nachts zu den Frauen?«, redeten sie unter sich. Die Mätressen lachten und eilten wiegenden Schrittes und mit wehenden Schleiern davon. Natürlich blieb der Buddha des Abends in der Gemeinschaft und am nächsten Tag zogen er und die Mönche zusammen weiter.
Jahre später kamen sie wieder an den Ort. Unter dem Pippalbaum lag eine aussätzige Frau, in Lumpen gehüllt und ganz allein. Der Buddha setzte sich zu ihr. »Erkennst du mich wieder?«, fragte die Frau. »Einst war ich sehr schön ...« Der Buddha erwiderte: »Habe ich dir nicht gesagt, ich werde zu dir kommen?« Und er küsste ihre eitrigen Wunden, wusch und heilte sie. Die Frau blieb in der Gemeinschaft und erlangte noch in diesem Leben die Erleuchtung.

Ehrlich gesagt muss ich immer weinen, wenn ich diese Geschichte höre. Ob das etwas mit dem Wunsch zu tun hat, jenseits von sexueller Attraktivität wirklich geliebt zu sein?

Atisha und Avadhuti

Atisha wurde vor mehr als 1000 Jahren in Indien als Sohn von König Kalyana, dem Gütigen, und Königin Prabhavati, der Strahlenden, geboren.
Atisha wusste bereits in jungen Jahren, dass er ein spiritueller Lehrer sein würde, und niemand legte ihm dabei Hindernisse in den Weg. Die Lehre des Erhabenen blühte damals im Land und kein Vater wäre auf die Idee gekommen, der wahren Berufung seines geliebten Kindes anders als unterstützend und fördernd zu begegnen. Bettelmönche genossen in jenen goldenen Tagen sogar besonders hohes Ansehen.
Atisha hatte in seinem Leben insgesamt 157 Lehrer. Zunächst bereiste er das Land als freier Asket, der sich von Lehrern verschiedener Schulen unterrichten ließ, letztlich jedoch niemandem sonst Gehorsam schuldete als seiner innersten, eingeborenen Stimme.
Einer seiner frühen Lehrer war Avadhuti. Der war zwar sehr berühmt, aber auch recht eigenbrötlerisch. Wenn man ihn um eine Belehrung bat, bekam man meistens keine. Wenn man ihn aber nicht darum gebeten hatte, dann gab er einem in den unmöglichsten Situationen die bedeutendsten und essenziellsten Lehren. So überquerten Atisha und Meister Avadhuti einmal eine schwankende Brücke, die über einen mächtigen, reißenden Fluss führte und nur aus ein paar Seilen bestand. Zu allem Überfluss brauste ihnen gerade zu dieser Stunde ein Orkan um die Ohren. Als sie etwa in der Mitte der Brücke angekommen

waren und der Sturm an ihnen zerrte, die Seile der Brücke zu zerreißen schienen und der Regen in Strömen auf sie niederprasselte, begann der Meister mit ausführlichen und geheimen Belehrungen über die Einstellung und das Verhalten eines Bodhisattva. »Ein Bodhisattva kennt keine Angst!«, schrie er so laut, als ob er wahnsinnig geworden wäre. »Keine Angst … keine Scham … kein Greifen …!«

Die Szene des Atisha auf der Brücke hat mir so mein tibetischer Meister geschildert. Noch heute frage ich mich, ob ich sie auch wirklich richtig verstanden habe. Im Angesicht des Todes erhielt der junge Atisha von seinem kauzigen Meister Avadhuti diese wohl unvergessliche Belehrung. »Ein Bodhisattva kennt keine Angst!« Atisha hatte aber gewiss Angst in dieser Situation. Todesangst sogar! Ob der alte Meister Avadhuti wirklich selbst keine Angst vor dem Tod hatte? Und wenn ja, wie ist ihm das gelungen? War Avadhuti in seiner Erkenntnis der wahren Wirklichkeit so weit vorgedrungen, dass er sozusagen »hinter« den Tod blicken konnte? Trug er die Gewissheit in sich, dass Sterben überhaupt nichts Beängstigendes haben kann, weil das, was Avadhuti in der tiefsten Tiefe seines eigenen Geistes gefunden hatte, ohnehin nichts Sterbliches an sich hat?
Und weshalb sprach Avadhuti von der Scham? Ist denn die Scham nicht in gewisser Weise ein heilsamer Faktor, der uns davor bewahrt, Dummheiten zu begehen? Wenn wir zum Beispiel beim Lügen erwischt werden, dann kann die Scham, die wir dann empfinden, dazu

beitragen, dass wir uns in Zukunft lieber doch angewöhnen, die Wahrheit zu sagen. Welche Art von Scham ist für einen Bodhisattva überflüssig? Wenn wir uns schämen, ein spiritueller Mensch zu sein, weil wir damit anders sind als die Mehrheit der Menschen? Vielleicht meinte Avadhuti auch, Atisha bräuchte sich seiner eigenen Angst in der Todesgefahr dort auf der schwankenden Hängebrücke nicht zu schämen. Ein Bodhisattva gehört vielleicht zu einer Minderheit von »Idealisten« und braucht sich dessen nicht zu schämen, aber er braucht sich auch nicht zu schämen, dass er genauso ist wie alle anderen Menschen und daher lieber noch nicht sterben möchte. So ist das halt. Einerseits leben wir als gewöhnliche Menschen in der »normalen« Welt und empfinden natürlich Angst, wenn uns der Tod dermaßen dramatisch von seiner Gegenwart überzeugt, wie das auf der Hängebrücke mitten im Orkan bei Atisha der Fall war. Andererseits bemühen sich Bodhisattvas um eine wirklich tiefe Erkenntnis dessen, dass es noch eine zweite Wirklichkeit gibt, eine letztliche Wirklichkeit, in der weder Entstehen noch Vergehen, weder Tod noch Geburt existieren.

»Kein Greifen ...«, rief Avadhuti dem Atisha im Augenblick größter Todesgefahr zu. Gewiss meinte er nicht, der Atisha solle sich nicht festhalten an den Seilen inmitten des Sturms. Sonst wäre er nämlich hinabgestürzt in die Schlucht und wir hätten niemals wieder etwas von ihm gehört. Die Angst zu sterben hat ihren tiefsten Grund in der Vorstellung von einem dauerhaften, ewigen und wahren »Ich«, von dem wir total ergriffen sind und nach dem wir selbst beständig »greifen«. Avadhuti stellt seinem Schüler Atisha mitten im Sturm und mitten in der Todesangst die Aufgabe, die Sinnlosigkeit dieses Greifens nach dem »Ich«, das ja nur eine Illusion ist, zu erkennen. Wir selbst sollten vielleicht nicht bis zu unserer eigenen Todesstunde damit warten, immer wieder und immer tiefer in unser Bewusstsein hineinzuschauen, bis wir vielleicht auch etwas entdecken, das wie das Auge in der Mitte eines Wirbelsturms vollkommen ruhig und klar anwesend ist. Das nicht »Ich« sein kann, weil es nämlich keinerlei Eigenschaften hat, außer dieser Klarheit und dieser Anwesenheit.

Atisha und die Yogini

Atisha hielt gerade eine seiner beliebten Wanderpredigten, als sich eine Frau in den hinteren Reihen zu den Zuhörerinnen und Zuhörern setzte. Moyima, so ihr Name, war spärlich bekleidet und barfuß. Ihr Haar war verfilzt, und als Schmuck trug sie um den Hals, um den Bauch und an den Füßen seltsame Knochen, die bei jeder Bewegung klapperten. Atisha erkannte auf den ersten Blick die vollendete Yogini in ihr und brachte ihr durch die Übertragung seiner Gedanken und durch das Gefühl der reinen Liebe, das seinem Herzen entströmte, die höchste Ehrerbietung dar. Er wusste mit absoluter Sicherheit: »Ich habe sie gefunden!«, und sein Herz jubelte verhalten in seinen geheimen Räumen.

Während Atishas Rede lachte die Yogini manchmal und manchmal weinte sie, ohne dass Atisha einen logischen Grund für diese spontanen Gefühlsäußerungen erkennen konnte. Später fragte er Moyima, warum sie denn manchmal so himmelhoch jauchzend gelacht habe und kurz darauf wie zu Tode betrübt zu sein schien. Moyima antwortete: »Ich lache, weil ich mir bewusst bin, dass die Wesen alle bereits vollständig gerettet sind! Nämlich jetzt genau in diesem unendlich winzig kleinen Augenblick! Und ich weine, weil ich sehe, wie sehr sie zugleich leiden und in den Täuschungen und Windungen der großen Schlange Maya hilflos umherirren!« Moyima nahm den Königssohn mit zu einer Schädelstätte, einem Friedhof, denn dort wohnte sie in ärmlichsten Verhältnissen. Sie übertrug ihm die Erfahrungen der höchsten Wonnen und verwandelte sich in Atishas Augen in die schönste aller Sternenköniginnen, in Tara, die Unzerstörbare, die Ewige. Atisha wurde Zeuge, dass Moyima und Tara ein und dasselbe waren.

Nachdem er Moyima an das geheimnisvolle Regenbogentor der Wiederkehr begleitet hatte, nahm Atisha schließlich die Mönchsgelübde und wanderte weiter und weiter, von Lehrer zu Lehrer. Er segelte unter großen Gefahren nach Sumatra und Sri Lanka und lernte alle Methoden und Texte, die es in jener Zeit zu lernen gab. Wo immer er Degeneration oder Irrlehren entdeckte, widerlegte er diese mit seiner herausragenden Logik und mithilfe seiner vortrefflichen Sprachbegabung. Er gründete zahlreiche Studiengruppen und Gemeinschaften. So wurde er sehr berühmt und ein Anflug von Stolz breitete sich in ihm aus. Noch in derselben Nacht erschien ihm Moyima im Traum und zeigte ihm Berge aus Milliarden von Texten und Büchern. »Ihr habt ja wirklich nur sehr wenige Bücher auf eurem Planeten. Schau nur, wie viele Texte und Bücher ich hier habe. Und ich kann sie alle auswendig!« So sprach sie und lachte schallend. Da verließ die Eitelkeit den Atisha auf der Stelle und die Essenz Moyimas vereinigte sich mit ihm erneut im Traum.

Später weissagte ihm Moyima in der Gestalt der Tara in einem Traum, dass er entweder in Indien 100 Jahre alt werden könne und als berühmtester indischer Gelehrter in die Geschichte der Blütezeit eingehen würde. Oder aber er würde einer Einladung nach Tibet folgen, um einem einfachen Hirtenvolk die Lehre des Erhabenen zurückzubringen, denn dort war sie unter einem grausamen Herrscher verfolgt und verstümmelt worden und degeneriert. Er müsse jedoch 20 Jahre seines Lebens dafür geben. Als Atisha fragte, warum der Preis so hoch sei, offenbarte ihm Tara, dass 1000 Jahre später die Priester jenes kleinen Hirtenvolkes die Hoffnung von Abermillionen Leidenden sein würden und dass er, Atisha, mit einem kurzen, einfachen Text die Bodhisattvas jetzt und in der Zukunft zu inspirieren und zu leiten vermöge, sodass die Wesen schließlich alle glücklich gerettet würden. Da gab Atisha, ohne mit der Wimper zu zucken, 20 Jahre seines Lebens, folgte der Einladung und reis-

te nach Tibet. Dort verfasste er auf Wunsch des Übersetzers Bjang Chub Öd einen Text in 68 kurzen Versen und nannte ihn »Die Lampe auf dem Weg zur Erleuchtung«. Diese Verse enthalten die Essenz aller Wegweisungen des Erhabenen für alle Menschen unter dem Regenbogen, die auf der Suche nach dem echten Glück und nach der wahren Liebe sind. »Die Lampe« ist von unschätzbarem Wert.
Es gibt nur eines, was noch kostbarer wäre als die Gedichte und Gesänge der Heiligen jener alten Zeit, und das sind die Wesen selbst. Denn sie sind das Kronjuwel der Sonne und das Diamantendiadem des Mondes und kostbarer als das Gold aller Welten inmitten des Sternenzeltes.

Ich habe das Gefühl, ich würde der Geschichte etwas wegnehmen, wenn ich hier einen Kommentar hinzufüge – und bitte meine Leserinnen und Leser um Verständnis und darum, die inneren Bilder einfach wirken zu lassen, mit ihnen sozusagen spazieren zu gehen. Und, falls Fragen auftauchen, den Meister Atisha selbst im Geist um eine Antwort zu bitten. Das funktioniert nämlich!

Christliche Geschichten

Wenn die Macht der Liebe
die Liebe zur Macht überwindet,
erst dann wird es Frieden geben.

Jimi Hendrix (1942–1970), US-amerikanischer Sänger und Gitarrist

Wir sind alle frei

Jesus war ein Rabbi, er kannte die heiligen Schriften und hatte Schüler und Schülerinnen, die sich von seinen Darlegungen besonders angezogen fühlten. Er war noch jung und hatte gerade erst begonnen zu lehren. Er sprach so von Abwun*, dem Einen und Einzigen, das männlich und weiblich zugleich sei, und von dem verheißenen himmlischen Reich, als ob all dies inmitten der schier unerträglichen Unterdrückung bereits anwesend wäre. Nach wenigen Jahren seiner Lehrtätigkeit war seine unkonventionelle Deutung der alten Schriften hinter vorgehaltener Hand in aller Munde.

Jesus war ein freier Rabbi, hatte also anders als die offiziellen Priester keine Einnahmen aus den Tempelsteuern und lebte von dem, was ihm geschenkt wur-

---

* Abwun: aramäisch für »Gott«

de. Den Priestern und anderen Machthabern war der Rabbi wegen seiner Beliebtheit und ungewöhnlichen Denkweise ein Dorn im Auge. So wurde er als Erstes der Steuerhinterziehung verdächtigt. Einer der Steuereintreiber kam zu Simon, einem engen Vertrauten des Rabbi, und fragte, ob Jesus die Tempelabgabe schon bezahlt habe. Simon sagte erst einmal »Ja«, um diese Gestalt wieder loszuwerden, und berichtete Jesus anschließend davon. Jesus fragte ihn: »Was meinst du, Simon, von wem treiben die Könige dieser Welt Steuern ein? Von ihren eigenen Söhnen oder von allen anderen?« Simon wusste natürlich, was jedes Kind weiß: »Nur von allen anderen, den eigenen Söhnen schanzen sie dann die gestohlenen Abgaben zu!« Daraufhin sagte Jesus: »Also sind die Söhne frei! Genauso wird es sein, wenn der Himmel auf Erden errichtet ist. Wir sind alle Kinder des Einen, also sind wir alle frei. Denn die Kinder des Höchsten teilen aus freien Stücken und geben freiwillig, wovon sie zu viel haben, nicht weil sie gezwungen werden!« Weil Simon den Steuereintreiber aber angelogen hatte, musste das wiedergutgemacht werden. Jesus schickte ihn also zum Fischen an den See und sagte: »Der erste Fisch, den du fängst, wird sich an einer Münze verschluckt haben. Diese Münze nimmst du und gibst sie dem Steuereintreiber.« (Matthäus 17, 24–27)

Wir können uns fragen, was die symbolische Aussage »sich an einer Münze verschlucken« uns sagen will. Wie wird mit der »Notlüge« des Simon umgegangen? Vor allem aber: Was bedeutet die finanzielle Freiheit im Paradies? Gibt es nicht bereits Konzepte, die in der Theorie ein fließendes Geld, das allen dient, erschaffen haben? Können wir vielleicht sogar ein bedingungsloses Grundeinkommen für alle in diese Geschichte hineininterpretieren? Natürlich hat es immer wieder Konzepte gegeben, ein Paradies auf Erden zu schaffen. Man denke nur an Thomas Morus und sein »Utopia« oder auch an Karl Marx und seine klassenlose Gesellschaft. Bisher ist es der Menschheit noch nicht gelungen, diese Ideale umzusetzen.

Das könnte sich sehr schnell ändern! In dem Moment, in dem ich diese Zeilen hier schreibe, formiert sich »draußen in der Welt« ein globaler Wandel, getragen von der Jugend, von Künstlern und Wissenschaftlern. Kollektiv wächst die Erkenntnis, dass wir alle miteinander, die ganze Weltbevölkerung, in einen globalen Krieg verwickelt sind, der seit Jahrzehnten alle 20 Sekunden ein Menschenleben fordert. Es ist der Krieg des Geldes gegen die Menschen, gegen die Natur, gegen den gesamten Planeten, gegen alles Lebendige. Dabei könnte Geld uns allen dienen, anstatt uns zu zerstören. Denn die Zerstörungskraft des Geldes kann relativ einfach in eine dienende Kraft umgewandelt werden, indem wir dafür sorgen, dass die sogenannte exponentielle Wachstumsfunktion des Geldes per Gesetz abgeschafft wird. Exponentielles Wachstum der Geldfunktion bedeutet eine ständige Verdoppelung des ursprünglichen Betrages. Wer also Geld übrig hat, um es zu verleihen, dessen Vermögen verdoppelt sich kontinuierlich, ohne dass er dafür auch nur einen Finger krümmt. Während diejenigen, die sich Geld leihen müssen, das Doppelte und Dreifache der ursprünglich geliehenen Summe zurückzahlen müssen. Das ist ethisch nicht korrekt, unfair, eigentlich betrügerisch. In einer echten Demokratie muss es möglich sein, solche Fehlentscheidungen der politischen und wirtschaftlichen Elite rückgängig zu machen! Nicht umsonst lautet einer der Namen, den sich die Welle der Empörten gegeben hat, »Echte Demokratie! Jetzt«.

Gebt dem Kaiser sein Geld zurück

Als Nächstes versuchte die Priesterkaste mit einem Trick, Jesus des Aufruhrs zu überführen. Sie schickten einen Späher, der ihm eine Fangfrage stellen sollte. Der Spion näherte sich Jesus scheinbar ehrfürchtig und begann: »Rabbi, wir glauben alle an dich, und was du uns sagst, hilft uns in unserem täglichen Leben. Du schaust nicht darauf, ob jemand angesehen ist oder nicht, sondern lehrst uns den richtigen Weg. Was meinst du, wie sollen wir uns den Römern gegenüber verhalten? Ist es richtig, wenn der Kaiser in Rom von uns Zinsen verlangt? Sollen wir die Zinsen zahlen oder nicht?« Jesus hatte die heuchlerische Absicht jedoch durchschaut, lachte und packte die Gelegenheit beim Schopf. Er fragte, ob jemand eine römische Münze parat hätte. Er selbst lebte ja ohne Geldbeutel. Die Münze wurde ihm ge-

reicht, er drehte und wendete sie in seiner Hand, hielt sie hoch und fragte die Leute: »Was seht ihr da auf dieser Münze? Wessen Kopf ist das und von wem stammt die Prägung?« Die Leute riefen: »Vom Kaiser!« Daraufhin sagte Jesus schlicht und ergreifend: »Dann gebt dem Kaiser doch zurück, was des Kaisers ist! Aber gebt Abwun, was zu Abwun gehört.«
Der Späher kehrte mit dieser Antwort unverrichteter Dinge zu den Machthabern zurück. Diese waren sehr erbost, weil Jesus so klug und geschickt geantwortet hatte und weil es ihnen wieder nicht gelungen war, ihn einer Gesetzesübertretung zu überführen. Die Anhänger Jesu aber gingen belustigt und frohgemut nach Hause, denn es war eine geniale doppeldeutige Botschaft gewesen. Dem Kaiser sein Geld zurückzugeben deuteten sie als die gute Botschaft, dass der Messias die erpresserische Währung auflösen und ihnen die ursprüngliche zinsfreie Währung zurückgeben würde. So wie es sie einst Moses gelehrt hatte. (Markus 12, 13–17)

Es ist belegt, dass es im ursprünglichen Text heißt: Gib dem Kaiser ZURÜCK, was des Kaisers ist. Ein Paradebeispiel dafür, wie nur ein einziges (absichtlich vergessenes?) Wort den Sinn einer Aussage komplett verändern kann. Heiner Geißler weist in seinem Buch »Was würde Jesus heute sagen? Die politische Botschaft des Evangeliums« darauf hin, dass im griechischen Urtext des Evangeliums das Wort »apodote« für den Vorgang des Gebens verwendet wird. »Apodote« heißt aber eigentlich

»zurückgeben«, also: »Gebt dem Kaiser zurück, was des Kaisers ist.« Geißler deutet diesen Satz als Aufforderung an die Juden, sich von der Währungshoheit der Römer zu lösen und das Geld des Kaisers (inklusive dem damit verbundenen Machtanspruch) zurückzuweisen. Wir können uns fragen, ob wir jetzt, 2000 Jahre später, bereit sind, ein Geldsystem zurückzugeben, das sich als zutiefst krank erwiesen hat. Das Zinsverbot des Alten Testaments ist übrigens sehr eindeutig und gleich an mehreren Stellen niedergelegt. Hier nur zwei Beispiele: »Du sollst von deinem Bruder nicht Zinsen nehmen, weder für Geld noch für Speise noch für alles, wofür man Zinsen nehmen kann.« (Deuteronomium / 5. Buch Mose 23, 20); »Falls du einem aus meinem Volk, dem Elenden bei dir, Geld leihst, dann sei gegen ihn nicht wie ein Gläubiger; ihr sollt ihm keinen Zins auferlegen.« (Exodus / 2. Buch Mose 22, 24)

Alles geben

Ein anderes Mal, als sich die kleine Schar von Getreuen gerade anschickte weiterzuwandern, kam ein edel gekleideter junger Mann herbeigelaufen. Er warf sich vor Jesus auf die Knie, um ihm seine Ehrerbietung zu zeigen, und fragte: »Meister, was muss ich tun, damit sich das himmlische Reich für mich öffnet?« Jesu Geduld kannte keine Grenzen und er wiederholte zum hundertsten Mal: »Du wirst dich an die Gesetze halten müssen, die Abwun uns gegeben hat.« Der junge Mann fragte nach: »Welche Gesetze meinst du?« Jesus zählte sie auf: »Du weißt doch, dass du nicht töten sollst, nicht stehlen, nicht ehebrechen, nicht lügen, niemanden verleumden und dass du deine Eltern achten sollst. Auf diese Weise begegnest du allen Menschen um dich herum so, wie du selbst ja auch gerne behandelt werden möchtest. Es ist gar nicht schwer.«

Der junge Mann behauptete daraufhin, dass er sich seit seiner Kindheit ganz genau so verhalte. Da schaute Jesus in sein Herz hinein und sah, dass er es mit einem trotz der jungen Jahre geistig sehr fortgeschrittenen Menschen zu tun hatte. Deshalb stellte er ihn vor eine besondere Herausforderung: »Dann fehlt dir nur noch eins, um augenblicklich ins Paradies auf Erden einzutreten: Verschenke alles, was du besitzt, an die Armen und schließe dich unserer Gemeinschaft an!« »Alles?«, fragte der junge Mann erstaunt und wurde traurig. Er verabschiedete sich und ging mit gesenktem Kopf davon. Die kleine Schar der engen Vertrauten um Jesus herum war entsetzt, denn sie hatten den jungen Mann gemocht und hätten ihn gerne in die Gemeinschaft aufgenommen. »So hart hättest du nun auch wieder nicht sein brauchen!«, sagten sie zu Jesus. »Wenn du die Hürden so hoch steckst, wer soll denn dann überhaupt in jene neue Welt hineinkommen können?«

Jesus erklärte ihnen, dass dies für die Reichen viel schwieriger sei als für die Armen. »Wenn sie viele schöne Dinge besitzen, dann hängen sie ihr Herz und ihre Gedanken an die Dinge, anstatt die immerwährende Schönheit des reinen Geistes zu entdecken. Sie verstellen sich selbst die Tore zum Paradies mit all dem Zeug. Sie merken gar nicht, dass die Freude darüber sehr schnell vergeht und dass sie ständig neuen Krempel erwerben müssen, um ein bisschen Freude zu empfinden. Sie verlernen vollständig, die Freude in ihrem eigenen Herzen zu suchen, die ohne äußeren Anlass zu jeder Zeit einfach sprudelt, weil sie von der Quelle Abwun selbst gespeist wird. Die Reichen sind deshalb eigentlich sehr arm. Man kann leichter ein dickes Tau, mit dem wir unsere Kamele führen, durch ein Nadelöhr fädeln, als bewirken, dass sich ein Reicher uns anschließt. Das haben wir gerade eben wieder erlebt. Aber wer weiß, vielleicht gelingt es ein anderes Mal. Habt Geduld und lasst die Herausforderung wirken. Die Frage ist, wie lange der junge Mann braucht, um diese Wahrheit zu erkennen. Dann kommt er zu uns zurück. Er kann sich mit diesem einen radikalen Akt selbst vollständig befreien. Wir werden sehen, wie lange er zögert. Ob nur einen Tag oder ein Jahr oder noch viele Leben.« (Lukas 18, 18–25)

Mit diesem Programm würde Jesus heutzutage vermutlich kaum eine Wahl gewinnen, oder? Die Reichen sollen freiwillig alles den Armen zurückgeben? Können wir uns das überhaupt vorstellen? Angenommen, niemand von uns könnte sich eine solche Szene vorstellen, wie sollte sie dann jemals Wirklichkeit werden? Andererseits: Muss nicht jeder Mensch ohnehin einmal alles zurücklassen, sogar seinen Körper? Wir können uns fragen, ob wir zu denen gehören, die gar nicht mehr merken, dass sie süchtig geworden sind nach immer höheren Ziffern auf dem Konto oder nach immer mehr Konsum. Unsere degenerierte Gesellschaft fördert diese Art von Sucht, auch wenn damit auf lange Sicht sogar das Überleben der eigenen Art gefährdet ist. Das wissen wir alle. Und wir wissen alle, dass wir uns von diesem System befreien müssen, wenn wir als Spezies überleben wollen. Geld ist in der Sprache unserer Symbole gleichbedeutend mit Liebe. Wo unser Geld hinfließt, da fließen auch unsere Gefühle hin. Die gesamte Marketingmaschinerie der modernen Gesellschaft basiert letztlich auf diesem Wissen. Die meisten von uns kaufen Dinge deshalb, weil wir unbewusst glauben, wir wären liebenswerter, wenn wir entsprechend gekleidet sind, eine bestimmte Automarke fahren oder in einer »guten« Gegend wohnen.

Es lohnt sich, unser Konsumverhalten oder unsere Bewertungskriterien einmal daraufhin zu untersuchen, ob sie »paradiestauglich« im Sinne von Jesus sind. Denn ein anderes Paradies als das Paradies des Teilens und des Ausgleichs von Ungerechtigkeiten wird es wohl nicht geben können. Die Reichsten der Welt besitzen heute Milliardenvermögen, für uns unvorstellbare Summen. Wenn lediglich 99% eines solchen Vermögens von, sagen wir, 50 Milliarden Dollar zurückgegeben würden, wie es etwa der US-Milliardär Warren Buffett für sein Vermögen angekündigt hat, dann blieben dem Reichen immer noch erstaunliche 500 Millionen Dollar übrig. Das müsste doch eigentlich reichen, oder?

Aus heutiger Sicht hat die legendäre Schaffung eines Paradieses hier auf diesem Planeten sehr viel mit der Verteilung der Geldmittel zu tun. Wenn wir zu denjenigen gehören, die nicht aufhören wollen, an den Menschheitstraum vom Paradies auf Erden zu glauben, dann können wir auf der einen Seite unseren eigenen Umgang mit Geld immer wieder auf den Prüfstand stellen. Auf der anderen Seite werden wir nicht darum herumkommen, auch an der systemischen Änderung des gesellschaftlichen Umgangs mit Geld in irgendeiner friedlichen Form mitzuwirken. Wenn wir wirklich erkennen, dass die bereits von Urvater Moses geforderte Ächtung von Wucher und Zins eine wirksame Methode ist, Armut gar nicht erst aufkommen zu lassen, dann werden wir auch entsprechend handeln.

So wird meine Seele gesund

Jesu Ruf als möglicher Messias und Wunderheiler eilte ihm voraus und so kam es, dass immer mehr Leute einen Blick auf ihn werfen wollten. Als Jesus wieder einmal mit seinen Freunden in Jericho einzog, versammelte sich rasch eine Menschenmenge um ihn herum. Ein besonders kleinwüchsiger Mann war auf einen Maulbeerbaum geklettert, um so besser sehen zu können, was das denn für ein Mann sei, dieser Jesus. Als Jesus an dem Baum vorbeikam, rief er lachend zu dem Mann hinauf: »Zachäus, willst du uns nicht heute Abend zum Essen einladen!« Zachäus

war ganz perplex. Woher kannte Jesus seinen Namen? War er hellsichtig? Er kletterte von dem Baum herunter, verbeugte sich vor dem Meister und bat ihn, zum Abendessen in sein Haus zu kommen. Die Leute ringsherum, die den Zachäus kannten, murrten und sagten zueinander: »Ausgerechnet von dem Halsabschneider lässt er sich einladen. Wenn er sich mit solchen Leuten gutstellt, die unsereiner betrügen und ausrauben, dann kann er ja wohl kaum unser Retter sein.« Zachäus war nämlich einer der Zöllner, die von Rom eingesetzt wurden, um die Abgaben einzutreiben. Diese Zöllner waren dafür bekannt, dass sie neben den Abgaben für Rom auch noch für sich selbst eine gehörige Summe aus den Leuten herauspressten. Sie waren äußerst unbeliebt und als Kollaborateure verachtet.
Zachäus war einerseits verwundert und fühlte sich andererseits sehr geehrt, dass Jesus ausgerechnet bei ihm den Abend verbringen wollte. Er eilte nach Hause, um die Vorbereitungen für ein Festmahl zu treffen. In den Stunden bis zur Ankunft der kleinen Schar überlegte er, was der Meister, wenn er hellsichtig war, denn sonst noch alles über ihn wusste. Er begann nachzurechnen, um wie viel Geld er seine Landsleute betrogen hatte, und es tat ihm plötzlich wirklich leid. Als Jesus am Abend ankam, bot Zachäus ihm einen Platz an, setzte sich neben den Meister und ergriff seine Hand. Er gab seinem Herzen einen Ruck und sagte zu Jesus: »Du kennst mich, obwohl du mich noch nie zuvor gesehen hast. Du hast in mein Herz hinein-

geschaut und darin etwas gesehen, das ich selbst ganz vergessen hatte. Auf dem Grund meiner Seele sitzt nämlich ein anderer Zachäus als der, den die Leute kennengelernt haben. Mit diesem echten Zachäus will ich jetzt ein neues Leben beginnen. Ich habe auf Kosten der armen Leute hier etlichen Wohlstand angehäuft. Das war nicht gut. Nicht für die Armen, die ich betrogen habe, und auch nicht für mich selbst. Meine Seele ist davon ganz krank geworden. Deshalb werde ich die Hälfte meines Besitzes den Armen zurückschenken. Und wenn ich jemanden betrogen habe, dann werde ich ihm das Vierfache zurückgeben. Diesen Entschluss habe ich heute gefasst und ich werde ihn in die Tat umsetzen. Und nun lass uns miteinander essen und den Geburtstag des neuen Zachäus feiern!«
Jesus umarmte den Zachäus und freute sich über alle Maßen mit ihm. »Du hast recht, Zachäus, ich habe den wahren Menschen in dir gesehen und ich habe mich nicht in dir geirrt. Nun hast du dich selbst geheilt und dein Beispiel wird für lange Zeit die Dunkelheit erhellen. Äußerlich bist du ein kleiner Mann, aber innerlich bist du jetzt ein wirklich großer Mann! Dein Haus und die Menschen, die du liebst, sind ab heute mit dem großen Frieden gesegnet.« (Lukas 19, 1–10)

Die königliche Witwe

Einmal saßen Jesus und seine Leute vor dem Tempel und schauten zu, wie die Opferschatulle des Tempels mit Gaben gefüllt wurde. So manche Goldmünze wechselte hier den Besitzer. Die Reichen des Landes Jeduhah nutzten auch diese Gelegenheit, um sich ihres Reichtums zu brüsten. Voller Stolz steckten sie die Abgaben für den Tempel in die Schatulle, möglichst so, dass sie und die Höhe des Betrages dabei gesehen wurden. Dabei fühlten sie sich sehr gut und sehr gerecht. Verschämt kam auch ein altes Mütterchen, eine Witwe, herbei und warf zwei kleine Münzen in den Opferstock. Als Jesus das sah, erklärte er seinen Anhängern: »Diese Frau hat viel mehr gegeben als alle Reichen zusammen mit ihren Goldmünzen. Obwohl es nur zwei Schekel waren, war es ein sehr großer Anteil von ihrem wenigen Geld. Die Reichen aber haben nur einen winzigen Bruchteil ihres Vermögens gegeben. Vor den Augen Abwuns ist diese Witwe eine Königin, während die Reichen erbarmungswürdige Schmarotzer sind.« Daraufhin beriet sich die Gemeinschaft und die Männer baten Judas, den Hüter der Kasse, der Witwe nachzulaufen und ihr den gesamten Inhalt der Gemeinschaftskasse zu übergeben. (Lukas 21, 1–4)

Mit dieser Geschichte können wir uns fragen, ob wir selbst zu den »armen Witwen« gehören und ob wir gewillt sind, uns selbst oder anderen »armen Witwen« mit mehr Respekt zu begegnen. Vielleicht gelingt es uns, die wahren Königinnen und Könige zu sehen. Während wir in denjenigen, denen wir bisher wie selbstverständlich unseren Respekt zollten, weil sie so gut gekleidet sind, so schicke Autos fahren oder so wichtige Ämter innehaben, vielleicht plötzlich die wahrhaft erbarmungswürdigen Personen erkennen.

Die Macht der Herzen

Um seiner Vision gerecht zu werden, benötigte Jesus immer wieder Zeiten des Rückzugs, in denen er ganz allein war und seinen Geist ordnete. Johannes der Täufer war soeben enthauptet worden und Jesus suchte einen Ort in der Wüste auf, um mit sich ins Reine zu kommen. Die Tradition empfahl 40 Tage der Besinnung. Da Jesus immer wieder mehr oder weniger offen aufgefordert wurde, sich als Messias, als Weltenretter, zu offenbaren, nutzte er die Askese in der Wüste, um Klarheit in dieser Angelegenheit zu erringen.

Die ersten Tage war das Fasten besonders hart, der Hunger tat richtig weh und der Gedanke an etwas Essbares tauchte immer wieder von Neuem in seinem Geist auf. Jesus betrachtete die Steine, die vor ihm herumlagen, und ertappte sich bei dem Gedanken, wie es wohl wäre, wenn er die Kraft hätte, Steine in Brot zu verwandeln. Er dachte über den Hunger nach und darüber, um wie viel schmerzhafter ein Hunger sein musste, den man nicht freiwillig als Askeseübung erduldete, sondern aus Not. Wie zum Beispiel ein kleines Kind, dem die Erwachsenen von dem wenigen Essen nicht genug abgaben. Oder ein Gefangener, der auf die Gnade seiner Wärter angewiesen war. Oder ein Kranker, der nicht selbst für sein Brot sorgen konnte.

»Ich kenne die Gesetze des Geistes. Mit der entsprechenden Anstrengung kann es mir gelingen, die Kraft zu entwickeln, aus Steinen Brot zu machen. Ich könnte unzählig vielen hungrigen Menschen damit helfen.« Der Gedanke war verführerisch und konnte noch weitergesponnen werden: »Ein solches Wunder würde auch bewirken, dass sich das ganze Volk hinter mich stellt und mich zu seinem König macht. Wenn ich die Kräfte, die Geist in Materie verwandeln, noch mehr steigere, könnte ich schließlich der König der ganzen Welt werden und alle Hungrigen speisen. Selbst wenn mich meine Feinde töten wollten, indem sie mich vom Turm des Tempels herabstießen, würde mir doch nichts geschehen, denn ich würde meinen Körper kraft meines Geistes ganz leicht machen, und es würde aussehen, als würden die Engel mich tragen. Meine Kräfte sind jetzt schon außergewöhnlich, in wenigen Jahren kann ich durch große Disziplin solche Fähigkeiten entwickeln. Wäre damit den Menschen nicht viel mehr gedient, als wenn ich wie bisher nur herumwanderte und predigte?«

Diese Gedanken waren verlockend, klangen logisch

und drängten sich immer wieder in sein Bewusstsein. Visionen davon, was er, Jesus, als König der Welt alles vollbringen könnte, tauchten auf und zeigten eine Welt, in der er, Jesus, eine Ordnung und Gesetze festlegte, die für alle gut wären. Doch das Fasten und die Meditation auf die tiefste Einsicht brachten Jesus schließlich dazu, all das als Täuschung zu durchschauen und darauf zu verzichten. Ihm wurde klar, dass selbst die besten Absichten durch die Ausübung von Macht über andere früher oder später verkümmern würden. Er sah ganz deutlich, dass es nur einen Weg gab, die Menschen von Hunger, von Machtmissbrauch durch die Römer oder von was auch immer zu befreien: indem er sie lehrte, wie sie sich selbst befreien konnten. Wie sie selbst ihre Gewohnheiten ändern, selbst die Gesetze des Universums anwenden, selbst auf die Schwachen und Hungrigen achten und selbst die allzu Mächtigen in ihre Schranken weisen konnten. Dann würden sie weder ihn noch sonst irgendeinen König brauchen. Dann wären alle selbst wahrhafte Könige und Königinnen. Und diese Kraft könnte den Menschen dann niemand mehr nehmen. Das war das höchste Ziel. Und auch wenn es Jahrtausende dauern würde, bis es erreicht war, so gab es doch keine Abkürzung. »Ja, ich werde ihr König sein, aber nicht ich als Person, nicht ich als Jesus, der in Jerusalem einzieht. Sondern es wird dieser Geist sein, der Geist der vollständigen Befreiung, der in ihre Herzen einzieht!«

So wies Jesus alle »Übermenschen«-Ansprüche, die

sowohl von außen als auch von seinem eigenen Inneren an ihn gestellt wurden, weit von sich und kehrte als Rabbi in die Gemeinschaft zurück. (Matthäus 4, 1–11)

Wir können uns fragen, ob wir selbst auch gelegentlich meinen, wir könnten ganz allein »die Welt retten«, auch wenn es sich nur um kleine Ausschnitte der Welt handelt. Zwar ist es richtig, in sich diese Motivation zu erzeugen, andererseits benötigen wir für dieses Unterfangen eine Grundlage im kollektiven Bewusstsein. Vielleicht meinen die alten Prophezeiungen eben nicht eine einzige Person, sondern eine Million Personen, viele »kleine« Messias-Personen. Ich glaube, dass die offizielle christliche Variante von der »Wiederkunft des Herrn« eine arge Täuschung ist. Ja, natürlich wäre es sehr angenehm, wenn eines Tages ein allmächtiger Herrscher auftreten würde, der alle Ungerechtigkeiten beseitigt und die Erde per Fingerschnippen in ein Paradies verwandelt. Mit diesem Glauben lässt sich jedoch jedes menschliche Handeln, das auf Verbesserung der Zustände zielt, gut unterdrücken. Auch die gebetsmühlenartige Formel »Da können wir eh nichts machen …« dürfte hier ihren Ursprung haben. Wir sind angeblich brave und gläubige Christen, wenn wir passiv darauf warten, dass dereinst ein Christus kommen wird, der alles richtet. Wir können uns aber fragen, ob wir uns schon bereit fühlen, nicht nur Verantwortung und Macht über unseren eigenen Geist, sondern auch weltliche Macht und Verantwortung als Gemeinschaft zu übernehmen. Der lauter werdende Ruf nach Volksabstimmungen scheint in diese Richtung zu weisen.

Brot und Wein herbeizaubern

Es hatte sich herumgesprochen, dass Jesus sich in Askese zurückgezogen hatte, und am Ende des vierzigsten Tages sammelte sich viel Volk, um ihn zu empfangen und zu hören, mit welcher Entscheidung er aus der Wüste herauskommen würde. Jesus kam und legte den ganzen Tag vielen von ihnen die Hände auf und heilte die Kranken. Als es Abend geworden war, meinte Simon, man solle die Leute jetzt nach Hause schicken, damit sie sich verköstigen konnten. Das nutzte Jesus als Gelegenheit, um seine Erkenntnisse aus der Wüste in die Praxis umzusetzen. Zu Simon sagte er: »Wozu die Leute nach Hause schicken? Die Stimmung ist gut heute. Wir können sie doch selbst verköstigen!« Simon gab zu bedenken: »Aber wir haben doch bloß fünf Brote und zwei Fische. Davon werden schwerlich alle satt!« Jesus jedoch bestand auf seinem Vorhaben und kündigte an, dass sie alle ein Wunder erleben würden. Dann bat er die Freunde, in der Mitte des Lagers eine Decke auszubreiten und alles, was sie an Essbarem dabeihatten, auf die Decke zu legen. Das machten sie und Jesus stellte sich hin, segnete das Essen, lachte und rief: »Wir möchten gerne unser Essen mit euch teilen. Kommt und greift zu!« Und die Leute kamen, sahen die fünf Brote und die zwei Fische und dachten sich: »Wer soll denn davon satt werden?« Nach und nach legte ein jeder dazu, was er selbst an Essbarem mitgebracht hatte. So entstand eine riesige Tafel mit vielerlei Köstlichkeiten. Schließlich war mehr als genug für alle da und sie feierten ein wunderbares Fest und sangen und tanzten bis spät in die Nacht hinein. Dazu tranken sie Wasser und waren so fröhlich, als wäre das Wasser ein besonders guter Wein. So wie damals bei der Hochzeit in Kanaa, als Jesus, der Sohn aus dem Hause David, und Maria aus Magdala, die Tochter aus dem Hause Benjamin, geheiratet hatten. (Matthäus 14, 13–21)

Sufi-
Geschichten

Komm, komm, wo immer du gerade bist!
Wanderer, Andächtiger, Liebhaber des Abschieds.
Es spielt keine Rolle.
Unsere Karawane ist kein Ort der Verzweiflung.
Komm, komm,
selbst wenn du deine Gelübde schon tausendmal gebrochen hast.
Komm, komm trotzdem wieder.
Komm.

Dschalal ad-Din ar-Rumi (1207–1273),
persischer Dichter und Mystiker

Die Pilgerreise, die keine war

Abdullah Mubarak lebte im 8. Jahrhundert und war als weiser Sufi bekannt, der übersinnliche Fähigkeiten entwickelt hatte. Eines Nachts träumte er, wie sich zwei strahlend schöne Engel miteinander unterhielten. »In diesem Jahr haben mehr als 600 000 Muslime die Pilgerfahrt nach Mekka angetreten. Allah aber hat nur eine einzige Pilgerreise anerkannt und zwar die von Ali Ibn Muwaffaq aus Damaskus. Und das, obwohl dieser Ali gar nicht in Mekka war! Allah hat ihm sämtliche Sünden und Fehltritte, die er jemals begangen hat und in Zukunft begehen wird, vergeben.« So sprachen die beiden Engel miteinander und der Sufi-Meister erwachte und wunderte sich sehr. Wie konnte Allah eine Pilgerreise anerkennen, ohne dass überhaupt eine solche stattgefunden hatte? Da der Traum so deutlich und klar gewesen war, beschloss Abdullah Mubarak, nach Damaskus zu reisen, um der Sache auf den Grund zu gehen.

Der Sufi fragte überall nach jenem gewissen Ali Ibn Muwaffaq, bis er ihn schließlich in einer armseligen Gasse fand. Ali begrüßte den Gast freundlich, wie es sich gehört, bot ihm Tee und Süßigkeiten an und die beiden unterhielten sich im Allgemeinen über die Regeln des Islam und im Besonderen über die Pflicht eines jeden Muslims, nach Möglichkeit einmal in seinem Leben nach Mekka zu reisen. Ali begann zu erzählen: »Ich bin Kupferschmied und habe über 30 Jahre, seit meiner frühesten Jugend, gespart, damit ich eines Tages die lange und kostspielige Reise nach Mekka antreten kann. Ich hatte gerade 350 Dinar beisammen und wollte in diesem Jahr die lang ersehnte Pilgerfahrt absolvieren. Meine liebe Frau war schwanger geworden und im Verlauf der ersten Monate von unwiderstehlichen Gelüsten geplagt. Man kennt das ja von den Frauen. Eines Tages wehte aus der Nachbarwohnung der Geruch von frisch gekochtem Fleisch herüber und meine Frau bedrängte mich, die Nachbarin um ein Stück Fleisch zu bitten. Es schien ihr, dass es sich um ein unaussprechlich köstliches Fleisch handeln müsse. Sie wollte unbedingt ein Stück davon und ließ sich nicht beruhigen. Ich ging also hinüber zur Nachbarin, erzählte ihr von der Schwangerschaft und dem Verlangen meiner Frau und bat sie um ein kleines Stückchen Fleisch. Die Nachbarin jedoch schaute mich bekümmert an und sagte: »Ich kann dir leider kein Fleisch geben. Wir sind sehr arm. Die Kinder haben seit Tagen vor Hunger geweint. Da habe ich in meiner Verzweiflung

von einem toten alten Esel, der auf der Straße lag, heimlich ein Stück abgeschnitten und es für die Kinder gekocht. Das Fleisch entspricht nicht dem islamischen Reinheitsgebot. Ich kann dir davon nichts anbieten.« Als ich das hörte, tat mir das Herz weh vor lauter innerem Schmerz. Ich ging nach Hause, holte die 350 Dinar aus der geheimen Schatulle und brachte sie der Nachbarin. Ich bat sie, das Geld für die Kinder zu verwenden. Jetzt werde ich in meinem Leben wohl keine Pilgerreise mehr machen können ...«
Daraufhin erzählte der Sufi-Meister dem Kupferschmied Ali von seinem Traum, verbeugte sich tief vor ihm und kehrte nach Hause zurück.

Im Islam gibt es fünf relativ einfache Regeln für einen gesunden Lebensstil.

1. Bekennt euch zu Allah und seinen Propheten.
2. Betet jeden Tag, am besten fünfmal.
3. Gebt jeden Monat einen bestimmten Teil eures Einkommens für die Schwachen und Armen.
4. Fastet einmal im Jahr alle miteinander einen Monat lang.
5. Macht nach Möglichkeit einmal im Leben eine Reise nach Mekka.

Das Bekenntnis zu Allah ist vergleichbar mit dem »Eintreten in den Pfad« der Buddhisten. Bevor wir überhaupt ein Leben beginnen können, das eine spirituelle Dimension und damit Gesundheit in einem vollständigen Sinn beinhaltet, brauchen wir eine erste Ahnung davon, dass es einen Unterschied gibt zwischen einem Leben, das den spirituellen Bereich mit einschließt, und einem Leben, das sich nur materiell ausrichtet. Das Bekenntnis zu Allah ist in diesem Sinn die logische Schlussfolgerung der Ausrichtung auf den spirituellen Pfad. Daraufhin folgt der Körper dem Geist. Wenn unser Geist zum Beispiel ruhig und entspannt im Jetzt verweilen kann, dann entspannen sich auch verkrampfte Muskelpartien. Damit unser Körper dem Geist wirklich folgen kann, müssen beide geschult werden. Dazu dient das tägliche Beten, die Einstellung auf den »großen Geist«, auf Allah. Der Körper ist, wie wir ja alle wissen, ein störrisches Ding. Er tut einfach nicht von selbst, was unser Geist von ihm will. Sonst wäre es ja einfach und wir bräuchten nicht zu üben. Dann würden wir zum Beispiel den Willen kundtun, ab heute keine Schokolade mehr zu essen. Und unsere Füße würden einfach aufhören, beim Einkaufen ganz von allein und wie selbst gesteuert zum Regal mit den Süßigkeiten zu laufen, und unsere Hände würden aufhören, die Süßwaren in den Einkaufswagen zu legen, und unsere Füße würden aufhören, abends in die Küche zu gehen zu der Schublade, in der die Schokolade liegt, und unsere Hände würden aufhören, die Schokolade in unseren Mund zu schieben …

Sufis interpretieren den ersten Teil der Bekenntnisformel, das Eintreten in den Islam, bisweilen auch so: »Ich bekenne, dass es nichts außer Allah gibt« oder wie unser Sufi-Meister sagt: »Es gibt nur den Einen, die Einheit.« Der zweite Teil des Bekenntnisses, in dem es heißt: »… und Mohammed ist sein Prophet«, wird von Sufis

ausgedehnt auf alle Propheten, von denen Mohammed als der letzte gilt. Mohammed selbst hat Abraham, Moses, Elia, Salomon und Jesus als Propheten anerkannt. Diese Propheten waren ihm aus seinem Kulturkreis bekannt und er ehrte sie. Später, als der Islam sich verbreitete, wurden zum Beispiel auch Buddha oder Pythagoras als Propheten der einen Wahrheit anerkannt. Der Islam ist vor diesem Hintergrundwissen eine zutiefst tolerante Religion. Es scheint, dass die Sufis, die bekannt sind für ihre unkonventionellen Lehren und Methoden, die Schönheit des Islam bis heute bewahren und in gewisser Weise den Islam in der Gegenwart neu interpretieren.
In unserer Geschichte macht Allah selbst von seinen Regeln eine Ausnahme. Obwohl Ali gar keine Pilgerreise unternehmen konnte, weil er all sein Geld verschenkt hatte, lässt Allah das Opfer gelten. Wer schon einmal eine längere Pilgerreise unternommen hat, weiß, dass dies durchaus eine beschwerliche Angelegenheit sein kann und dass man dafür Zeit, Geld und Bequemlichkeit opfert. Es ist spontan verständlich, warum Allah dennoch den Ali im Vergleich zu den gewöhnlichen Pilgern so hervorhebt. Alis Herz ist aus Gold! Und Ali weiß es noch nicht einmal! Er ist einfach so und handelt aus diesem goldenen Herzen heraus. Er ist sich nicht einmal dessen bewusst, wie wunderbar, fromm und im höchsten Grad gesund er sich verhält.
Das Gebot der Großzügigkeit und der Barmherzigkeit wird in jeder Religion gelehrt und es gibt kaum eine Übung, die besser geeignet ist, uns von ungesunden, langfristig krankmachenden Impulsen wie Geiz und

Habgier zu befreien, als das Mitgefühl mit den Schwächeren und Ärmeren. Wenn dem Gefühl auch noch eine gebende Hand folgt, dann sind wir schon recht gut vorangekommen in unserer Entwicklung. Großzügig sein heißt, denen zu geben, von denen wir keine Gegenleistung erwarten. Wenn wir andere zum Beispiel mit Geburtstagsgeschenken beglücken und damit rechnen, am eigenen Geburtstag ebenso reich bedacht zu werden, dann sind das zwar auch freundliche Gesten des Miteinanders, im spirituellen Sinn handelt es sich jedoch eher um Tauschgeschäfte. Ich freue mich schon auf den Tag, an dem es ganz selbstverständlich sein wird, dass Freunde und Verwandte zueinander sagen: »Lasst uns doch bitte gemeinsam einer Familie in Paraguay einen kleinen Gemüsegarten oder Kindern in Ghana ein paar Zahnbehandlungen schenken!«
Rund um das Thema Großzügigkeit gibt es noch weitere kleine Geschichten.

Der Fuchs und der Löwe

Einst wanderte ein Sufi-Schüler durch einen Wald. Da begegnete ihm ein Fuchs, dem waren beide Vorderpfoten gebrochen und er konnte sich kaum fortbewegen. »Ob dieser arme Fuchs wohl überleben wird?«, fragte sich der Schüler und versteckte sich, um zu beobachten, wie es dem Fuchs erginge. Bald darauf jagte ganz in der Nähe ein Löwe eine kranke Gazelle. Nachdem dieser seinen Hunger gestillt hatte, überließ er dem Fuchs die Reste seiner Mahlzeit. Der Sufi-Schüler staunte und sprach zu sich selbst: »Ich werde in Zukunft mehr Vertrauen in die Güte Allahs haben. Wenn selbst ein verstümmelter Fuchs durch die weise Ordnung Allahs am Leben bleibt, dann wird Allah auch mein Leben erhalten. Bestimmt bin ich ihm nicht weniger wert als dieser Fuchs! Ich will fortan wie der Fuchs sein und mich auf Allah verlassen.« Kaum hatte der Schüler jedoch den Gedanken zu Ende gedacht, hörte er eine Stimme in seinem Geist, die sprach: Das ist nicht ganz der richtige Weg. Sei nicht wie der Fuchs, der auf die Gnade des Löwen angewiesen ist, sondern sei lieber wie der Löwe, der dem Fuchs großmütig etwas von seinem Überfluss abgibt.

Wir können uns fragen: Warum wollte der Sufi eigentlich zuerst wie der Fuchs sein? Ist es einfacher, sich mit den Kranken und Schwachen zu identifizieren statt mit den Starken?

Der Diamant in der Hand

Der Marktplatz wimmelte von Männern, Frauen und Kindern, die ihre Waren feilboten oder Einkäufe erledigten. Inmitten all des bunten Treibens kam ein Wander-Derwisch des Weges, setzte sich an den Brunnen, trank etwas Wasser und holte schließlich einen etwa kindskopfgroßen, unscheinbaren, seltsamen Steinbrocken aus seinem Beutel. Schweigend hielt er den Stein in der Hand und betrachtete ihn. Kinder kamen gelaufen und fragten: »Hey, Alter, was ist das für ein Stein? Was machst du da?« Der Alte antwortete: »Dieser Stein ist sehr kostbar, es ist ein Diamant!« Die Kinder lachten den Alten aus und holten ihre Mütter und Väter, um ihnen den schrulligen Sufi zu zeigen. Im Lauf des Tages kamen viele Leute, ließen sich den glanzlosen grauen Stein zeigen und lachten über den Sufi.

Als die Dämmerung hereingebrochen war, saß der Alte immer noch beim Brunnen und hielt in aller Ruhe den Stein in seinen Händen. Da setzte sich ein junger Mann mit Namen Karim zu dem Alten. Er sagte: »Ich habe dich den ganzen Tag über beobachtet. Ich glaube, dass du ein ehrlicher Mann bist, unfähig, zu lügen. Sag mir, ist das wirklich ein Diamant?« Der Alte lächelte den Karim an. »Ja, es ist wahr. Es ist ein Rohdiamant. Erst wenn er geschliffen ist, wird er in allen Facetten das Sonnenlicht brechen. Möchtest du den Diamanten haben? Ich schenke ihn dir.« Karim war zutiefst überrascht und konnte zunächst gar nicht fassen, was der Alte ihm da anbot. Aber schließlich nahm er den Stein an, bedankte sich und ging damit nach Hause. Mit dem Stein in der Hand verbrachte er eine schlaflose Nacht. Als der Morgen graute, verließ er sein Haus und ging zum Brunnen zurück. Der alte Sufi saß dort noch immer. Karim warf sich vor dem Alten auf die Knie, reichte ihm den Stein und sprach: »Bitte lehre mich die Art von Reichtum, die es möglich macht, einen Diamanten von solch unermesslichem Wert einfach zu verschenken.«

Wir fragen uns vielleicht: War es nun wirklich ein Rohdiamant oder war es doch nur ein gewöhnlicher Stein, der dazu diente, dem Meister einen Schüler zuzuführen? Worüber hat Karim in der langen Nacht nachgedacht? Stellte er sich vor, was er von dem Erlös des Steines alles kaufen könnte? In wessen Besitz war der Stein eigentlich am Ende? Wofür steht der Diamant als Symbol?
Der Name »Diamant« leitet sich aus dem griechischen »diamas« ab und bedeutet »unzerstörbar«. Diamanten entstehen im Erdmantel unter extrem hohem Druck in einer Tiefe von etwa 150 km bei der unvorstellbaren Temperatur von etwa 1300 Grad Celsius. Bei vulkanischen Eruptionen werden diamanthaltige Gesteinsbrocken aus der Tiefe an die Oberfläche befördert und erreichen in der letzten Phase der Eruption Überschallgeschwindigkeit. Der Diamant besteht aus nur einem einzigen Element, nämlich Kohlenstoff, und ist das härteste und beständigste Mineral auf diesem Planeten. Diamanten können wiederum nur mit Diamanten geschliffen werden. Wegen ihres Glanzes und ihrer Fähigkeit, Licht zu brechen, werden sie mithilfe spezieller Schleiftechniken zu Schmucksteinen verarbeitet. Dann heißen sie Brillanten. Es sind die inneren Lichtreflexionen, die uns am geschliffenen Diamanten so faszinieren. Rund um die reinsten und größten Diamanten ranken sich geheimnisvolle Geschichten, wie etwa um den be-

rühmten blauen »Hope«-Diamanten oder den indischen »Koh-I-Noor«, der heute zum britischen Kronschatz gehört und im Tower zu London besichtigt werden kann.
Die aktuellen Umstände der Diamantenförderung sind jedoch eine traurige Angelegenheit, denn die Erlöse kommen nicht etwa der einheimischen Bevölkerung zugute, sondern einzelnen Regierungs- oder Rebellenchefs und natürlich den beteiligten Konzernen.
Ein Stein, wie er in unserer Geschichte vorkommt, wurde übrigens im Jahr 2008 aus der Erde Afrikas geborgen. Er gilt als der fünfzehntgrößte Rohdiamant, der jemals gefunden wurde. Das Erscheinungsbild des Diamanten wurde mit »golfballgroß, gräulich trüb, mit zackig scharfen Kanten« beschrieben. Der Stein wurde von einem britischen Millionär und Diamantenhändler für 12,4 Millionen Dollar ersteigert.
Die Entstehungsgeschichte, die Eigenschaften und die Kostbarkeit des Diamanten werden von spirituellen Meistern gerne als Sinnbild für die Entwicklung vom gewöhnlichen Menschen zum erleuchteten Menschen verwendet. Der Unterschied zwischen einem Diamanten und der Erleuchtung ist, dass wir einen Diamanten zurücklassen müssen, wenn wir sterben, die Erleuchtung aber nehmen wir mit. Denn diese ist wirklich unvergänglich. Von daher »rechnet« es sich eher, sich mit dem Schliff des eigenen Geistes zu beschäftigen. Und eine wichtige Facette dieses Schliffs ist wiederum die Kultivierung von Großzügigkeit, so wie der alte Sufi-Meister sie in der Geschichte praktiziert.

Rabia legt Feuer im Paradies

Sie war noch ein Kind, als ihre verarmten Eltern starben. Zusammen mit ihrer Schwester sollte sie von einer Tante aufgenommen werden. Doch die Karawane, mit der die Waisenkinder zur Tante reisen sollten, wurde überfallen, die Schwester getötet und das Mädchen in die Sklaverei in die Stadt Basra verkauft. Die Familie, die nun die Verfügungsgewalt über ihren Leib und ihr Leben innehatte, nannte sie Rabia, das heißt »die Vierte«. Denn sie war die vierte und damit die letzte in der Rangfolge der Sklaven. Obwohl Rabia Armut und Not aus dem Elternhaus kannte, war ihr Leben von nun an von schier unerträglicher Härte geprägt. Ihre Stellung als letzte Sklavin bedeutete, dass sie oft hungern musste, nächtelang durcharbeitete und den sexuellen Gelüsten ihrer Herren ausgeliefert war. Rabia trug jedoch die Saat Allahs in ihrem Herzen, und wenn sie nichts zu essen bekam, so machte sie daraus ein heiliges Fasten. Wenn sie nicht schlafen durfte, so war es für sie eine Übung der heiligen Askese, und wenn die Männer ihren Körper benutzten, so schenkte sie im Geheimen Allah ihre Liebe. Bei einer dieser Gelegenheiten sah der Hausherr, dass von Rabias Körper ein überirdisches Strahlen ausging. Das Zimmer und schließlich sogar das gesamte Haus wurden davon erhellt. Der Herr war so erschrocken über diesen Schein und die Größe Allahs und seines Zeichens, dass er Rabia augenblicklich die Freiheit schenkte.

Rabia lebte von nun an außerhalb Basras in der Wüste und wurde bald als Sufi-Meisterin bekannt und verehrt. Als sie einmal gefragt wurde, ob sie denn keinen Hass auf die Sklavenhalter ihrer Kindheit habe, antwortete sie: »Ich habe keinen Platz für den Hass auf meine Feinde. Mein Herz ist voll von Allah!« Obwohl ihre Schönheit legendär war, lehnte sie jeden Heiratsantrag ab. Sie sagte, sie habe kein Interesse an einer eigennützigen und kurzfristigen Liebe. »Mein Herz gehört nur Allah allein, und es gibt nichts Schöneres und keinen größeren Genuss, als in Allahs Gegenwart zu sein. Ich will nichts außer Allah allein! Ich bin mit Allah vereint, wie könnte ich da irgendeinen Mann begehren? Selbst die Frommen unter euch lieben Allah doch nur, weil sie Angst haben, in die Hölle zu kommen, wenn sie ihn nicht lieben! Und weil sie glauben, dass ihnen das Paradies sicher ist, wenn sie ihn lieben. Das ist doch keine Liebe! Das ist purer Egoismus!« Mit diesen Worten nahm sie einen Eimer voll Wasser in die eine Hand und eine brennende Fackel in die andere und lief damit in die Stadt Basra. »Aber Rabia, was hast du vor?«, riefen ihre Verehrer. »Ich will Wasser in die Hölle gießen und Feuer im Paradies legen, damit diese beiden Schleier verschwinden. Niemand soll Allah aus Angst vor der Hölle oder wegen der Hoffnung auf das Paradies lieben. Allah ist hier! Wenn ihr doch nur sehen könntet, wie herrlich, wie wunderbar, wie bezaubernd schön Allah ist!«

Rabia von Basra war eine Sufi-Meisterin der ersten Jahre. Sufis kennen keine Ausgrenzung aufgrund des Geschlechts, wenn es darum geht, eine Meisterin anzuerkennen. Anders als im orthodoxen Islam können Frauen auch in das höchste Amt einer Scheicha berufen werden. Eine solche Berufung geht letztlich von Allah selbst aus, und wie könnten sich echte Muslime gegen den Willen Allahs stellen? Die Weitergabe der Schönheit des Islam war und ist so wesentlich, dass die Sufis dabei ganz bewusst gegen die herrschende gesellschaftliche Ordnung verstoßen.
Rabia von Basra lebte von 718–801. In jener Zeit war es nahezu überall auf der Welt unvorstellbar, dass Frauen die gleichen Rechte wie Männer haben könnten. Frauen waren eine Ware. So wie es heute noch in manchen Teilen der Welt der Fall ist. Rabia von Basra und ihre Schüler und Schülerinnen waren ihrer Zeit also weit voraus. Rabia lehrte die große Liebe. Sie war eine Mystikerin und für uns gewöhnliche Leute scheint ihre innere Einstellung unfassbar. Die Vorstellung, in die Liebe Allahs einzutauchen, während man gleichzeitig ausgebeutet oder verletzt wird, das ist sehr schwer. Was wir aber vielleicht tun können, wenn wir Erinnerungen oder Traumata in uns herumtragen, in denen wir Opfer von Gewalt oder Gemeinheiten waren: Wir können uns an Rabia erinnern, die der Legende nach von ihrem Sklavenhalter selbst in die Freiheit entlassen wurde. Das ist wie ein Hinweis darauf, dass unsere eigenen Erinnerungen in solchen Fällen wie »Sklavenhalter« sein können, die uns zunächst festhalten, dann aber schließlich auch freilas-

sen können. Wir können uns an Rabias Fähigkeit, einen Heiligenschein zu erzeugen, der uns schließlich zur Freiheit verhilft, anbinden. Auch wenn wir selbst keine Heiligen sind. Wer ist das schon? Das Bild jedoch kann für unseren Geist sehr heilsam sein. Der Legende nach konnte Rabia nach dieser Freilassung ihre eigentliche Bestimmung als Sufi-Meisterin und spirituelle Lehrerin entfalten. Und zwar entgegen jeglicher Konvention der damaligen Zeit! So heilsam war diese Freilassung!

Der Prophet und der Schafhirte

Mohammed hatte schon lange bemerkt, dass die zahlreichen verschiedenen Religionen, die sich in Arabien ausgebreitet hatten, allesamt irgendwie verdorben waren. Er hatte den Eindruck, dass jede Religion missbraucht wurde. Manche Priester nutzten die Einfalt der Gläubigen, um sich zu bereichern. Andere erhöhten sich selbst und waren der Machtausübung verfallen. Wieder andere waren nur an Privilegien interessiert. Von Allah selbst schien kaum jemand wirklich etwas wissen zu wollen.

Mohammed lebte zu jener Zeit in Mekka. Er hatte die ersten Offenbarungen empfangen und machte sich bereits mit seinen Reden bei den Priestern unbeliebt. Eines Tages kam ein Schafhirte aus den Hügeln in die Stadt, um bei dem berühmten schwarzen Stein zu Allah zu beten. Er führte die vorgeschriebenen Waschungen durch, verbeugte sich danach tief vor dem Stein und küsste ihn. Er betete laut: »Oh Allah, lass mich dein Liebhaber sein. Lass mich dein Diener sein. Lass mich deine schmutzigen Kleider waschen. Lass mich dein Zimmer fegen. Lass mich deine Haare kämmen. Lass mich deine Schuhe putzen. Ich will dir die beste Milch meiner Schafe bringen. Und etwas Wolle. Und auch ein bisschen Käse lass mich dir geben ...« Dabei rannen dem Hirten Tränen der Rührung über die Backen und seine Nase tropfte. Als die Priester den Hirten so sahen, vertrieben sie ihn mit Stöcken aus der Nähe des Heiligtums. Sie beschimpften ihn als Tölpel, Dummkopf und Gotteslästerer. »Allah braucht gewiss nichts von dir!«, verspotteten sie ihn. Als Mohammed dies bemerkte, stellte er sich neben den Hirten und ging mit den Priestern ins Gericht: »Macht Platz für diesen Mann. Ich stelle mich neben ihn und bin stolz darauf, an seiner Seite stehen zu dürfen. Sein Gebet drang geradewegs in Allahs Ohren. Macht Platz vor dem Heiligen Stein für diesen Mann! Vor Allah spielt es keine Rolle, wie wir beten, solange wir es voller Liebe und aufrichtig tun. Niemand braucht sich der Gemeinschaft mit diesem Hirten zu schämen! Macht Platz für diesen Mann!« Die Priester jedoch waren nun umso wütender auf den Propheten und nutzten ihren Einfluss, um Mohammed aus Mekka zu vertreiben.

Die Reinheit des Herzens spielt in allen Religionen eine große Rolle. Es ist bei uns wenig bekannt, dass der Prophet Mohammed selbst als Hirtenjunge aufgewachsen

ist und die Offenbarungen seiner Vision ganz besonders an die einfachen Menschen weitergegeben hat. Mohammed wurde zunächst angegriffen, verfolgt und vertrieben, weil er nicht davor zurückschreckte, seine Vision öffentlich zu verkünden. Von allen heiligen Schriften ist der Koran die einzige, die direkt diktiert wurde. Die ersten buddhistischen Schriften wurden etwa 500 Jahre nach Buddha erstellt, die ersten christlichen Überlieferungen etwa 100 Jahre nach Jesus. Außerdem ist der Koran vollständig in der ursprünglichen Sprache der Offenbarung erhalten und relativ frei von Übersetzungsfehlern. Dennoch gibt es zu verschiedenen Textstellen unterschiedliche Interpretationen. Das ist aus Sicht der Sufis erwünscht. Die Sufis sagen, wenn ein Koran-Gelehrter nur eine einzige Interpretationsebene kennt, dann solle man ihm nicht folgen. Ein wirklicher Meister sei in der Lage, jede einzelne Sure auf sieben verschiedenen Ebenen zu interpretieren. Jede Ebene entspricht dabei einer Entwicklungsstufe des Menschen.
Manchmal glaube ich, wenn der Prophet heute leben würde, dann müsste er so manchem seiner Priester wieder gehörig die Leviten lesen. Genauso übrigens wie auch Jesus mit einigen Auslegungen seines Wortes vermutlich ganz und gar nicht einverstanden wäre. Es ist seltsam, wenn ich mich mit sogenannten kleinen Leuten unterhalte, habe ich oft den Eindruck, dass diese mehr vom eigentlichen Sinn der Religion verstehen als die Gelehrten. In einer Zeit wie der unseren, in der wir hauptsächlich über Gewalttaten extremistischer Islamisten informiert werden, empfinde ich es als sehr heilsam, die

Schönheit des Islam und seine Verwandtschaft mit den anderen Religionen als Gegenpol kennenzulernen. Es ist zum Beispiel wenig bekannt, dass Jesus im Koran in 14 Suren erwähnt wird und als Prophet ausgesprochen hoch geschätzt ist. Auch Maria, seine Mutter, wird im Koran verehrt. Natürlich aber interpretiert der Koran die Figuren von Jesus oder Maria anders, als dies in der Bibel der Fall ist. Sonst hätte Mohammed ja keine neue Religion gegründet, sondern wäre Christ geworden. Zu Lebzeiten des Propheten war das Christentum bereits schwer degeneriert, in Rom herrschte ein Papst, dem es vermutlich mehr um Machtentfaltung als um eine wirkliche Nachfolge Jesu ging. Der Koran lehrt jedoch auch, dass Christentum und Judentum in ihrem Kern Bruderreligionen des Islam sind. Hätte der Prophet Mohammed seinerzeit den Hinduismus und den Buddhismus gekannt, wären sicherlich auch diese von ihm schon damals zu Bruderreligionen ernannt worden. Die ursprüngliche Intention des Islam ist Freundschaft zwischen den Religionen, nicht Krieg! Kriege wurden in der Vergangenheit aus Machtinteresse allzu oft als Religionskriege inszeniert und wir können uns durch die Beschäftigung mit solchen alten Geschichten vor derlei Manipulationen schützen.

Alles Wissen

Der Prophet musste Mekka verlassen, wenn ihm sein Leben lieb war, und machte sich auf nach Medina, wo er Verwandte hatte. Sein Freund Abu Bhakr begleitete ihn. Vorsichtig ritten die beiden aus einem Tal heraus und spähten rundum. Auf den Berghöhen tauchten schon die ersten Verfolger auf und die beiden Freunde trieben ihre Tiere an. Gefolgt von Abu Bhakr lenkte der Prophet sein Pferd in einen schmalen Pfad und flehte zu Allah um Hilfe. Da zeigte sich in der Wand direkt vor ihnen eine Öffnung. Die Freunde zwängten sich mitsamt ihren Tieren durch den schmalen Spalt in eine Höhle hinein. Sie verhielten sich ganz still, nur ihr Atem war zu hören. In diesem Augenblick der unmittelbaren Todesbedrohung flüsterte Mohammed dem Abu Bhakr zu: »Sie werden mich vielleicht töten und dich am Leben lassen. Ich gebe dir jetzt all mein Wissen, doch weil es so viel ist, muss ich dies ohne Worte tun.« Mohammed setzte sich dem Abu Bhakr gegenüber und bat ihn zu spüren, wie sein eigenes Herz und das des Propheten zu einem einzigen Herz wurden. Da sprühten die Funken vom Licht Allahs von Herz zu Herz. Nach einer Weile ergriff der Prophet die Hand des Freundes, schaute ihn an und sagte leise: »So wie diese Funken aus meinem Herzen in dein Herz versenkt wurden, so wirst auch du die Funken weitergeben. Auf diese Weise wird sich das Licht Allahs in der Welt verbreiten, auch wenn ich selbst getötet werde!«

Bald darauf hörten sie den Huftritt der Verfolger und hielten den Atem an. »Sie müssen hier irgendwo sein!«, rief einer. Ein anderer kam sehr nahe heran, entdeckte den Eingang zur Höhle und meinte: »Hier hinter diesem Spalt könnten sie sich verborgen haben. Wo sollten sie sonst stecken!« Ein dritter aber rief: »Bist du etwa blind? Hier hat eine Spinne ihr Netz vor den Eingang gewebt. Wenn die beiden in der Höhle wären, dann wäre das Netz bestimmt zerrissen! Hier können sie nicht sein!« Das schien den Verfolgern schlüssig und sie entfernten sich. Die Nacht senkte sich schließlich herab, von den Verfolgern war nichts mehr zu hören. Da sandten Mohammed und sein Freund ihren Dank an Allah, der die Geschicke der Sterne, der Menschen und der Spinnen lenkt.

Nach der Überlieferung der Sufis wird seither dieser Funke von Herz zu Herz bei einer Einweihung weitergegeben. In beinahe jeder Koransure wird das Herz als Organ der Bewusstwerdung erwähnt und viele Erzählungen über den Propheten beziehen sich auf die Meditation des Herzens. Der »Herzgeist«, das ist jenes ganz einfache Wissen um das »So-Sein«, das Wissen von der letztendlichen Wahrheit, davon, dass »alles eins ist«. Das Problem dabei ist, dass sich dieses Wissen tatsächlich mit Worten immer nur unvollständig erklären lässt. Sonst wäre dieses Wissen ja nicht nonverbal. Sonst wäre es ja nicht möglich, das gesamte Wissen der Offenbarungen, die der Prophet Mohammed in zahlreichen Stunden der Erfahrung angesammelt hat – und denen wiederum

zahlreiche Stunden intensiver Vorbereitung vorausgegangen sind –, in der Gestalt eines Funkens zu übertragen.
Vielleicht aber können wir uns an Situationen erinnern, Begegnungen mit anderen Menschen vielleicht, wo uns plötzlich etwas eingefallen ist, was uns vorher nicht bewusst war. Ich meine natürlich spirituelle Dinge und will ein kleines Beispiel nennen: Mein Mann und ich absolvieren seit einiger Zeit täglich einfache Sufi-Übungen. Die einfachste dieser »Dhikr« genannten Übungen besteht darin, den Namen »Allah« viele Male zu wiederholen. Ich wäre mit 100-mal zufrieden, mein Mann besteht auf 300-mal und wir lachen jeden Tag von Neuem darüber, dass es meinem Mann immer wieder gelingt, sich durchzusetzen. Nach der »Allah-Übung« kommt die »Hu-Übung. »Hu« ist nach unserem Sufi-Lehrer der geheime Name Allahs. In unserer Sufi-Schule wird der geheime Name ganz selbstverständlich an alle, die sich dafür interessieren, weitergegeben. Der geheime Name Allahs ist also ein offenes Geheimnis. Heute traf mich bei der Übung wie aus heiterem Himmel plötzlich ein Funke und ich verstand auf einmal, was »Hu« eigentlich wirklich bedeutet. Ohne dass ich vorher auch nur eine Idee davon gehabt hatte, senkte sich die Gewissheit in mich, dass »Hu« wirklich der »namenlose Name« Allahs ist. »Hu« ist wie ein Hauch. »Hu« ist lautlos. »Hu« ist überall. »Hu« durchdringt alle Dinge. Aber Sie sehen sicher selbst, wie wenig von so einem Funken sich tatsächlich in Worte fassen lässt, wie wenig sich davon auf Papier bannen lässt und wie wenig davon übrig bleibt, wenn

nicht das eine lebendige Herz in einem lebendigen Augenblick diese Erkenntnis einem anderen lebendigen Herzen übermittelt. Tja, einen Versuch war es jedenfalls wert.

Ein Feind wird zum Freund

Omar Al Khattab war ursprünglich einer der schlimmsten Gegner des Propheten und wollte ihn sogar töten. Mit dieser Absicht machte er sich auf zum Versammlungshaus der Muslime in Mekka. Auf dem Weg dorthin traf er jedoch einen Freund, der ihm erzählte, dass seine eigene Schwester und sein Schwager bereits Muslime seien. Omar rannte wutentbrannt nach Hause, wo er die beiden fand, wie sie heimlich im Koran lasen. Voller Hass schlug er sie nieder. Die Schwester blutete und weinte sehr. Als Omar die Schwester so sah, überkam ihn ein Anflug von Reue und er riss den Koran an sich, um selbst darin zu lesen. Er war entschlossen, Schwester und Schwager davon zu überzeugen, welch gefährlicher Unsinn hier verbreitet wurde. Omar begann die ersten Verse laut vorzulesen. Seine Abneigung, sein Spott und die Häme verwandelten sich jedoch bereits nach wenigen Worten zunächst in Verwunderung, dann in Respekt und schließlich in Hingabe an die Harmonie und Wahrheit der Worte. Obwohl Omar gerade eben noch die Schwester und ihren Mann grob verletzt hatte, erfuhr er im nächsten Augenblick die Erleuchtung. Er bat die beiden um Vergebung und bot ihnen seinen Schutz an. Später wurde Omar sogar zum zweiten Kalifen des Islam ernannt und noch im hohen Alter bedankte er sich bei Allah für die wunderbare Erfahrung, als sein Hass und seine Gewalttätigkeit von einem Moment zum anderen in eine große, liebende Güte verwandelt wurden.

Diese kleine Geschichte kann uns dabei helfen, uns daran zu erinnern, dass in jedem Menschen, egal wie aggressiv und ignorant er sich verhalten mag, jederzeit die Veränderung ins Gegenteil stattfinden kann. Wir haben alle solche aggressiven Anteile in uns, die wir vielleicht nicht immer zu bändigen vermögen. Gleichzeitig tragen wir aber auch immer das Potenzial höchster Menschlichkeit in uns, das jederzeit spontan geweckt werden kann.

Die dichterische Schönheit des Korans in der Wahl der Worte sowie in Stil und Inhalt soll einzigartig und unnachahmlich sein und kann von uns wahrscheinlich nur vollständig erfasst werden, wenn wir selbst Arabisch lernen. So wie ein Gedicht von Rainer Maria Rilke vielleicht nur in deutscher Sprache in allen Facetten des Wohlklangs zur Geltung kommt. Der Klang des Korans kann aber auch das Herz berühren, selbst wenn man kein einziges Wort versteht. Von Emil Ludwig, einem deutschen Schriftsteller (1881–1948), ist folgender Tagebucheintrag bekannt: »Ich machte eine Reise durch Ägypten. Eines Abends ging ich am Roten Meer zu Fuß. Plötzlich habe ich einen Gebetsruf in der Stille gehört. Mein ganzer Körper zitterte mir vor Ehrfurcht vor dem Schöpfer. Plötzlich empfand ich den Wunsch, gleich ins Wasser zu springen, um die rituelle Waschung vorzunehmen, nach diesem erfrischenden Bad mich wie ein Moslem niederzuwerfen und Gott den Erhabenen anzubeten ...«

Viele Anweisungen des Propheten beziehen sich darauf, die Frauen gut zu behandeln, auch sexuell. Der Prophet hat sich mit Frauen immer wieder zurückgezogen, um spirituelle, aber auch politische Themen zu besprechen. Wie die Schwester des Omar in unserer Geschichte waren auffallend viele Frauen Begleiterinnen, aber auch Kämpferinnen für den Islam. Während der Schlacht von Uhud, als der Prophet schwer verletzt am Boden lag, wurde er von Frauen gegen den Ansturm seiner Gegner verteidigt. Aufgrund der aktiven Rolle der Frauen bei der Verbreitung des Islam beziehen sich viele Koransuren auf die Rechte der Frauen, was im damaligen Arabien geradezu revolutionär war. Über Jahrhunderte hinweg hatten daher die Frauen in der islamischen Welt mehr Rechte als die Frauen im Westen. Heute hingegen hinken die im Koran niedergeschriebenen Rechte weit hinter den Rechten der Frau im Westen hinterher. Moderne Islamgelehrte wie Yasar Nuri Ötztürk oder Abu Zaid lehren allerdings, dass beim Koran immer die Intention der Offenbarung entscheidend sei. Die Absicht hinter der Offenbarung war, die Lage der Frauen zu verbessern. Deshalb würde ein Wandel der weltlichen Gesetze in einem für die Frauen positiven Sinn dem Koran nicht widersprechen, sondern im Gegenteil ganz im Sinne des Islam sein.

Der Prophet und die gefährliche Wahrheit

Gegen Ende seines Lebens sprach Mohammed zu einem seiner ihm am engsten verbundenen Schüler, dem Kaufmann Abu Ubaydah, folgende Worte: »Ich werde dir jetzt ein Geheimnis verraten. Doch du darfst es den Menschen draußen in der Welt nicht weitererzählen. Sie würden dich auf der Stelle töten, denn sie würden dich für einen abscheulichen Gotteslästerer halten.« Der Kaufmann war erstaunt und natürlich war er auch neugierig geworden. Er fragte also den Propheten, was das denn für ein außergewöhnliches Geheimnis sei, das so gefährlich sei, dass man sein Leben riskierte.

Der Prophet sprach: »Ich will es dir sagen, bewahre es gut in deinem Geist. In Wirklichkeit verhält es sich so: Wenn die Menschen wirklich wüssten, wie gütig und wie unendlich barmherzig Allah ist, wenn sie die unaussprechliche Gnade und das alles umfassende Mitgefühl wirklich erfassen und begreifen könnten, dann würden die Menschen sofort aufhören zu beten!«

Ich hörte diese Geschichte während eines Meditationsabends bei unserem Münchner Sufi-Meister. Als der Gruppe dieses Geheimnis offenbart wurde, mussten einige spontan lachen. Es war ein freudiges Lachen. Was für ein Glück! Allah könnte wirklich dermaßen gnädig sein, dass wir eigentlich gar nicht mehr weiter zu beten und zu üben bräuchten! Egal, was wir auch anstellten, wir würden immer geliebt sein! Ich glaube nicht, dass irgendjemand aus der Gruppe auch nur im Entferntesten daran gedacht haben könnte, unseren Sufi-Meister wegen der Preisgabe dieses Geheimnisses umzubringen! Das könnte ein gutes Zeichen dafür sein, dass die Menschheitsentwicklung in den letzten 1500 Jahren, seit Erscheinen des Propheten, doch ein wenig vorangekommen ist!

Doch Vorsicht: Ich glaube nicht, dass der Prophet damit sagen wollte, dass wir sofort aufhören sollten, zu beten und zu üben. Vielmehr stelle ich es mir so vor: Wenn wir wirklich erfahren haben und zutiefst verinnerlicht haben, was das eigentlich ist, zum Beispiel diese »unendliche Barmherzigkeit« oder diese »liebende Güte«, dann könnten wir tatsächlich aufhören zu beten und bräuchten auch nicht mehr zu beten. Weil wir dann nämlich ohnehin ständig wortlos »beten« würden. Das wäre dann ein Beten im Sinn eines ständigen Gewahrseins. Dieses einfache Gewahrsein, aufgebaut auf der ganz tiefen Erfahrung von universellem Mitgefühl und unbegrenzter Güte und Gnade, könnte bedeuten: von Moment zu Moment wach und bewusst leben, ohne zu verurteilen, ohne zu bewerten. Ganz gelassen sein, wissend, dass die Liebe Allahs, oder wie immer wir diesen »Großen Geist« nennen wollen, jetzt gerade in uns selbst aufleuchtet. Jetzt. Genau jetzt gerade! Eine ziemlich gesunde Vorstellung!

Der Sufi auf dem Thron

Einst wurde ein Sufi-Meister zum Kalifen gerufen, um diesen in schwierigen politischen Fragen zu beraten. Der Derwisch folgte dem Ruf und tat sein Bestes, um Unheil vom Volk abzuwenden. Nach einer dieser anstrengenden Diskussionen zwischen dem Sufi-Meister und dem Kalifen verließ der Herrscher erzürnt den Thronsaal. Der Sufi aber setzte sich einfach auf den Thron. Er wollte herausfinden, wie es sich anfühlt, auf dem Thron zu sitzen, Kalif zu sein und all diese Entscheidungen treffen zu müssen. Er wollte aus dieser Position heraus den Kalifen besser verstehen, um so die Beratung erfolgreicher durchführen zu können. Sogleich aber eilten die Hofschranzen, die Minister und die Wachen herbei und verabreichten dem Sufi eine harte Prügelstrafe, so wie es damals üblich war. Als der Kalif einige Stunden später des Weges kam, saß der Sufi auf der Treppe und weinte bitterlich. »Was heulst du? So viele Schläge waren es auch wieder nicht!«, begrüßte der Kalif den Sufi etwas spöttisch. »Ich weine nicht wegen mir, sondern wegen dir!«, erwiderte der Sufi. »Wenn ich so viele Schläge erhalten habe, obwohl ich doch nur einen Moment lang auf deinem Thron saß, wie viel Prügel wirst dann erst du eines Tages erhalten, wo du doch ein Leben lang auf dem Thron sitzt.«

Was meinte der Sufi-Meister eigentlich? Von wem würde der Kalif eines Tages Prügel beziehen? Und weswegen? Würde er selbst eines Tages leiden müssen wegen des Unrechts, welches er als Kalif von seinem Thron aus befohlen hat, ohne sich selbst die Finger schmutzig zu machen? Die Maya und Inka der Anden glaubten zum Beispiel, dass sich am Sterbebett die »spirits« all derjenigen Lebewesen versammeln, denen wir jemals etwas angetan haben, um Wiedergutmachung zu fordern. Die Buddhisten nennen es das Karma, das wir von Leben zu Leben als Eindruck unserer Taten mit uns tragen, so lange, bis der Eindruck erloschen ist.

Indianische Geschichten

Nichts trägt in gleichem Maß wie der Traum
dazu bei, die Zukunft zu gestalten.
Heute Utopia, morgen Fleisch und Blut.

Victor Hugo (1802–1885), französischer Dichter der Romantik

Deganawidah und der weiße Büffel

Seit sie zurückdenken konnte, hatte die Großmutter immer nur Krieg erlebt. Die Menschen der Langhäuser, die später Irokesen genannt werden sollten, konnten nicht aufhören damit. Die Stämme überschütteten sich gegenseitig mit Blut und Rache auf Schritt und Tritt. Es schien, dass der Krieg niemals enden würde, denn jeder Tote auf der einen Seite forderte Tote auf der anderen Seite und so war eine Spirale des Tötens in Gang gesetzt worden, aus der es kein Entrinnen gab. Die Menschen waren immer mehr verroht und niemand achtete mehr auf die ursprünglichen Gesetze des Großen Geistes. In dieser Zeit hatte die Großmutter einen Traum. Sie sah ein leuchtendes Wesen, das zu ihr sprach: »Deine Tochter wird einen Sohn auf die Welt bringen. Dieser wird euch den großen Frieden bringen.« Auf diese Weise wurde Deganawidahs Geburt aus der Welt des Großen Geistes angekündigt. Die Großmutter und die

Mutter freuten sich, doch es stellte sich bald heraus, dass der Junge nicht richtig sprechen konnte. Er stotterte. Die beiden Frauen jedoch zweifelten nicht an dem Traum und glaubten an Deganawidah.
Als Deganawidah herangewachsen war, kam es, dass er eines Tages während der Jagd einen weißen Büffel sah. Ein weißer Büffel war auch in jener Zeit ein extrem seltenes Ereignis. Deganawidah meinte, den Büffel in seinem Geist zu hören, wie er ihn herausforderte, wie er ihn lockte und wie er ihm sein Leben anbot. Er jagte ihm zusammen mit seinen Freunden nach und es gelang ihm, ihn zu erlegen. Voller Stolz brachten die jungen Krieger das tote Tier zu den Langhäusern. Die Großmutter zog dem Büffel die Haut ab und gerbte zusammen mit den anderen Frauen das herrliche, außergewöhnliche Fell. Dass der weiße Büffel sich gezeigt und sein Leben für Deganawidah gegeben hatte, war das Zeichen, auf das die Großmutter schon lange gewartet hatte. Nun endlich offenbarte sie dem Jungen ihren Traum und die Vision, dass er, Deganawidah, der Friedensbringer sei. Nachdem er eine lange, schlaflose Nacht über die Vision der Großmutter und seinen Auftrag nachgedacht hatte, nahm Deganawidah die Vision an. Als äußeres Zeichen seines Einverständnisses ließ er sich von der Großmutter das weiße Fell um die Schultern legen und es fühlte sich gut an. Wie er es allerdings schaffen sollte, Frieden in die Clans zu bringen, das wusste Deganawidah noch nicht.
Am nächsten Tag beanspruchte der Älteste des Clans

das weiße Büffelfell für sich. Er zitierte den Jungen zu sich und forderte ihn auf, ihm das Fell zu übergeben. Er sei der Älteste und deshalb gehöre ihm das Fell. Das sei schon immer so gewesen! Deganawidah sagte: »Nein!« Mehr konnte er nicht sagen, ohne sich lächerlich zu machen, weil er ja ein Stotterer war. Der Älteste jagte ihn daraufhin fort und verstieß ihn aus dem Clan, was einem Todesurteil gleichkam. Denn allein in der Wildnis zu überleben, war sehr schwer. Noch dazu, da ringsum Krieg herrschte. Die Großmutter, die Mutter und viele Frauen gaben Deganawidah so viele Vorräte mit, wie sie nur aufbringen konnten. Und Deganawidah nahm die Geschenke der Frauen, hüllte sich in das weiße Büffelfell, setzte sich in ein Kanu und ließ sich vom Fluss mitnehmen. Wohin, das wusste er nicht.

Die Konflikte in der Ausgangssituation unserer Geschichte sind Krieg und Blutrache. Die Blutrache, wie sie noch heute in manchen Kulturen üblich ist, hatte ursprünglich eine Art Schutzfunktion. Das Wissen, dass jeder Tote ein Todesopfer auf der Seite des Täters fordert, sollte zur Abschreckung dienen. Dahinter stand wohl zu Beginn der Gedanke, dass niemand sich zum Töten hinreißen lassen würde, wenn er wüsste, dass dafür er selbst oder sein Bruder oder seine Kinder mit dem Leben bezahlen mussten. Doch wurde dieser imaginäre Schutzwall gegen das Töten auch nur einmal durchbrochen, zog dies ein unaufhörliches Gemetzel nach sich. Sehr wirksam war dieser Schutz somit nicht.

In unserer Geschichte ist es eine träumende alte Frau, die an Visionen und an Geschenke aus der »Anderswelt« glaubt und diese in ihrer Sehnsucht nach Ruhe und Frieden an ihren Enkel weitergibt. Visionen und Träume hatten in den alten Kulturen eine große Bedeutung. Man wusste auch, dass ein Visionär kein einfaches Leben vor sich hat. Dass Visionen schnell geträumt sind und manchmal erst Generationen später verwirklicht werden. Ein Visionär muss mit vielen Schwierigkeiten rechnen. Indianer unterscheiden zwischen »großen Visionen«, bei denen scheinbar Unmögliches für ein ganzes Volk oder gar für die gesamte Menschheit vorausgesehen und »in die Wirklichkeit hineingeträumt« wird, und »kleinen Visionen«, die einen selbst betreffen. Deganawidah wurde zum Träger einer solch großen Vision. Unter Indianern gilt es als große Ehre, Träger oder Trägerin einer großen Vision zu sein.

Allerdings hilft einem die Ehre, die ja aus der Welt des Geistes zu einem kommt, nicht viel, wenn es darum geht, einen solchen Traum auch zu verwirklichen. Zwar ist die Vision als solche eine Quelle, aus der immer wieder Begeisterung und Hoffnung geschöpft werden können, aber eine große Vision in die Wirklichkeit herunterzuholen, ist sehr schwer. Tausend Hindernisse stellen sich in den Weg, und auf den Spott brauchen Visionäre auch nicht lange zu warten. Deshalb hat der Mensch die Freiheit, die Ehre eines solchen Auftrags auch ablehnen zu können. Deganawidah aber brauchte nur eine Nacht, um sich für die Vision zu entscheiden.

Wir können uns bei dieser Geschichte fragen, welchen

Wert wir eigentlich noch unseren eigenen Träumen beimessen. Ob sich unsere Träume auf ein größeres Ganzes beziehen oder »nur« auf uns selbst oder unseren engeren Kreis. Der Traum, sich zum Beispiel mit der eigenen Familie wieder auszusöhnen, ist ja nicht unbedingt gering einzuschätzen. In meiner Praxis sehe ich häufig schwierige zerstrittene Familiensituationen als Ursache der verschiedensten Krankheiten. Viele kleine Friedensvisionen für den eigenen Familien- und Freundeskreis ergeben auch einen recht umfassenden Frieden! Wir können uns auch fragen, ob wir vielleicht schon ganz aufgehört haben zu träumen, denn das Wort »Träumer« ist in unserer Gesellschaft eher ein Schimpfwort geworden.
Die Tatsache, dass Deganawidah ein Stotterer war, kann uns zeigen, dass in der geistigen Welt wohl andere Maßstäbe gelten. Von dort wurde die größte Ehre, die ein Indianer erfahren kann, einem Stotterer zuteil! Also jemandem, der ganz offensichtlich nach menschlichen Maßstäben »unperfekt« war, der sich nicht einmal annehmbar ausdrücken konnte. Ausgerechnet ihm wurde zugetraut, Frieden unter fünf* heillos zerstrittenen Na-

* Der Völkerbund der Irokesen, den es nach wie vor gibt, bestand zunächst aus fünf sprachverwandten Völkern (den Mohawk, Oneida, Seneca, Cayuga und Onondaga), später kam mit den Tuscarora ein sechstes Volk hinzu. Die Irokesen selbst nennen sich »Haudenosaunee«, zu Deutsch »Völker des Langhauses«. Manche Quellen geben an, dass das Wort »Irokesen« auf die französische Abart eines Schimpfnamens zurückgeht, der »Schwarze Schlangen« bedeutet.

tionen zu stiften, deren Angehörige im Verlauf des langen Krieges immer brutaler und immer barbarischer geworden waren.
Interessant ist auch, dass die Großmutter den ursprünglichen Traum geträumt hat. Die Irokesen-Gesellschaft ist bis heute eine der ganz wenigen indianischen Gesellschaften, die eine matriarchalische Struktur bewahrt haben. Den Frauen gehören die Langhäuser und die Ernte, die sie an alle verteilen. Matriarchat bedeutet bei den Irokesen jedoch nicht »Herrschaft der Frauen«, denn Herrschaft im Sinne von Machtausübung von der Spitze einer Hierarchie aus ist dem Matriarchat vollkommen wesensfremd und somit ein Widerspruch in sich. Die Gesellschaft der Irokesen beruht heute auf einer ausgefeilten Balance zwischen weiblichen und männlichen Bedürfnissen nach Gestaltung einer Gemeinschaft. So wurde zum Beispiel im späteren »Großen Gesetz des Friedens« das Vetorecht für den »Ältestenrat der Frauen« eingeführt. Der Ausschluss eines Stammesangehörigen aus der Gemeinschaft, wie noch in Deganawidahs Jugend, wäre also in der Zukunft ohne die Zustimmung der Frauen nicht möglich gewesen.
Die Frauen in unserer Geschichte glaubten zwar an Deganawidah, belasteten ihn aber nicht schon als Kleinkind mit ihren Erwartungen. Erst als er erwachsen war und ein Großes Zeichen mit dem Erscheinen des weißen Büffels den Traum bestätigte, wurde Deganawidah in die Vision eingeweiht. Kaum hat er allerdings den ersten Schritt getan, nämlich den Beschluss gefasst, die Vision der Großmutter anzunehmen und sie zu seiner eigenen zu ma-

chen, passiert auch schon der erste Eklat. Deganawidah trotzt der Autorität und muss die Gemeinschaft verlassen.

Die Verbündeten

Deganawidah war nun ganz auf sich selbst gestellt. Er befestigte das Kanu am Ufer und zog sich in die Berge zurück. Dort fand er eine Höhle, die ihm Schutz bot. Der hintere Teil der Höhle endete in einem Spalt, der tief in das Innere des Berges hinabfiel. Als Deganawidah einen Stein in den Abgrund warf, konnte er den Aufprall des Steines am Boden nicht hören. Der Stein schien endlos zu fallen, so tief war die Kluft.

Deganawidah dachte viele Tage und Nächte über die Vision nach. Wenn er nichts zu essen fand, fastete er und tauchte auf diese Weise immer tiefer in das ursprüngliche Gesetz des Großen Geistes ein. Allmählich entdeckte und verstand er so eine Ordnung, die jeder Stamm und jedes Volk verstehen würde und mit deren Hilfe der Krieg beendet und Frieden geschlossen werden konnte. Er überprüfte seine Gedanken immer wieder, achtete auf seine Träume und sprach in seiner Einsamkeit mit den Bäumen und Tieren, mit den Sternen und mit dem Großen Geheimnis, dessen Stimme er in sich spüren konnte. Manchmal war er auch verzweifelt und dachte daran, sich in den Abgrund zu stürzen, doch irgendetwas in seinem Inneren hielt ihn jedes Mal zurück. Er wurde sich sehr bewusst, dass der Tod immer anwesend war, so wie der Spalt in seiner Höhle. Und er fragte sich, ob die eigene Sterblichkeit eigentlich sein Feind oder sein Freund wäre. Viele Monde waren gekommen und gegangen, bis er sich bereit fühlte, zu den Menschen zurückzukehren. Er ließ Gaben für die Geistwesen in der Höhle zurück und stieg von seinem Berg herab.

Seine erste Begegnung hatte er mit einer Frau, die allein im Wald lebte, ebenfalls eine Ausgestoßene. Sie war die Erste, die sich viel Zeit nahm und hinter der Schwerfälligkeit des Stammelns und Stotterns eine wunderbare Klarheit der Gedanken erkannte. Sie begann, die Vision mit Deganawidah zu teilen, und fügte dem Traum so manches Detail hinzu. Deganawidah verbrachte mehrere Monde mit der Frau, die er »die Mutter der zukünftig im Frieden vereinten Nationen« nannte. Ermutigt zog er schließlich weiter.

Eines Tages näherte sich Deganawidah einem der Irokesen-Dörfer und sah abseits der Siedlung an einer Waldlichtung ein kleines, einsames Feuer glimmen. Er schlich sich heran und hörte einen jungen Krieger leise weinen und klagen. Deganawidah trat hervor und setzte sich zu Hiawatha, so hieß der junge Mann, ans Feuer. Er erfuhr, dass Hiawatha seine drei Töchter im Krieg verloren hatte und dass kurz darauf seine Frau beim Lacrosse-Ballspiel zu Tode getrampelt worden war. Hiawatha war Häuptling seines Volkes gewesen, aber nun war er untröstlich. Er hatte sich in den Wald zurückgezogen, um allein zu sein und zu

trauern. Gleichzeitig hoffte er, dass jemand von seinem Clan zu ihm kommen würde, um mit ihm zu trauern. Aber niemand kam.
Deganawidah blieb bei Hiawatha, trauerte mit ihm und erzählte im Verlauf der langen Nächte, die die beiden miteinander am Feuer verbrachten, die Geschichte seiner Vision. Sie blieben drei Monde lang zusammen im Wald und lernten einander zu vertrauen, wahre Freunde eben. Ebenso wie »die Mutter der zukünftig im Frieden vereinten Nationen« hörte Hiawatha dem Stotterer gut zu und bereicherte den Traum vom Frieden mit etlichen Einzelheiten. Hiawatha war jedoch nicht nur ein guter Zuhörer, sondern auch ein ausgezeichneter Sprecher. Im Gegensatz zu Deganawidah verstand er es hervorragend, sich auszudrücken, und konnte Worte geschickt und überzeugend für die gute Sache einsetzen. Schließlich war er nicht umsonst Häuptling gewesen. Und so beschlossen die beiden eines Tages, dass die Zeit gekommen sei, zu den Stämmen zu gehen und ihnen den Frieden zu bringen.

Deganawidah ist ein Träumer, ein »Spinner«, der eine neue Gesellschaftsordnung für die Irokesen »spinnt«. Dafür muss er sich zunächst zurückziehen. Wir können uns fragen, ob wir ebenfalls zum Kreis der eher introvertierten Menschen gehören, die zur Entfaltung ihres Potenzials dringend Zeiten des Rückzugs benötigen. Alle Religionen empfehlen meines Wissens nach auch Zeiten des Fastens. So können wir uns auch fragen, wann wir selbst das letzte Mal gefastet haben. Für Mahatma Gandhi war das Fasten eine der Methoden der von ihm entwickelten »Satyagraha«, dem unbedingten Festhalten an der Wahrheit. Das Fasten sollte nach Gandhi der Reinigung des Einzelnen dienen, denn wenn es nicht gelingt, einen Andersdenkenden von der Wahrheit zu überzeugen, entsteht ein Defizit im eigenen Inneren. Dieses kann durch das Fasten wieder geheilt werden. Auch Hermann Hesse schreibt, als ob er die Geschichte von Deganawidah kennen würde:

Jeder kann zaubern,
jeder kann seine Ziele erreichen,
wenn er denken kann,
wenn er warten kann,
wenn er fasten kann.

(Hermann Hesse: Siddhartha. 1922)

Als unser Held wieder von seinem Berg zu den Menschen »herabsteigt«, gewinnt er zwei Verbündete. Zuerst die Frau, die, ihm wesensgleich, eine Introvertierte ist. Sie lebt ebenfalls zurückgezogen und sie ist es, die Deganawidah als Erste versteht. Die Begegnung Deganawidahs mit der weisen Frau könnte ein Hinweis darauf sein, dass auch wir, wenn wir uns mit schier unlösbaren Problemen konfrontiert sehen, einen Menschen aufsuchen könnten, von dem wir annehmen, dass er uns versteht, weil er ein ähnliches Schicksal teilt. In gewisser Weise war die Frau Deganawidahs Therapeutin, und später wurde Deganawidah der Therapeut des trauern-

den Hiawatha. Miteinander bildeten sie jeweils so etwas wie eine Selbsthilfegruppe. Mit Hiawatha verbindet Deganawidah zunächst das Ähnliche, die Einsamkeit und die Traurigkeit, später aber verbindet sie ihre Verschiedenheit. Zu dem introvertierten, stotternden Träumer gesellt sich ein extrovertierter Häuptling, einer, der für die Kunst des Sprechens begabt ist, ein Politiker eigentlich. Insgesamt träumen nun schon vier Personen den Traum: zwei Frauen, nämlich die Großmutter und die Frau aus dem Wald, welche beide nicht öffentlich auftreten. Und die zwei Männer, ein Visionär und ein Sprecher, die von nun an gemeinsam öffentlich wirken.
Die Frauen geben den Männern den inneren Rückhalt, die innere Gewissheit, dass ihr Auftreten einen Sinn hat. Letztlich dient das Engagement der beiden Männer eigentlich nicht einmal ihnen selbst, sondern den Frauen und Kindern, damit diese in Zukunft in einer Welt ohne Gewalt leben können.

Der Friedensbaum

Deganawidah und Hiawatha hatten in der Zeit des Rückzugs im Wald ein Lied in ihren Herzen entdeckt, das sangen sie und ließen die Trommel dazu ertönen. Das Lied handelte von einem Baum, auf dessen Wipfel ein Adlerpärchen einen Horst gebaut hatte. Im Schatten des Baumes lagerten die fünf Nationen und begruben in einem feierlichen Akt ihre Waffen. Zuerst besuchten die beiden Freunde den Stamm der

Mohawk, dessen Häuptling Hiawatha war. Die Mohawk waren es, die dann zunächst das System der Ratsversammlungen erprobten, das für den Frieden so wichtig war. Männer und Frauen berieten zunächst getrennt voneinander in Männerkreisen und Frauenkreisen die neue Idee. Sie saßen nächtelang um das heilige Feuer, hörten einander zu und beratschlagten. Aus jedem Kreis wurden einige Delegierte benannt, die im »Inneren Rat« zusammenkamen. Das ging so lange hin und her, bis Übereinstimmung gefunden war. Während der Zeit der Beratungen wurde immer wieder der Große Geist angerufen und es wurde auf die Träume geachtet, um sicherzustellen, dass die Vision Deganawidahs wirklich Frieden bringen würde und wirklich im Sinne des Großen Geistes war, den sie alle während ihres Blutrausches vergessen hatten.

Deganawidahs zweite Vision, die Blutrache durch Adoption zu ersetzen, leuchtete bald ein. Ja, ein Ausgleich musste wohl geschaffen werden, wenn eine Mutter ihren Sohn oder ihre Tochter im Krieg verloren hatte. Der Verlust eines Kindes war das Schlimmste, was einem zustoßen konnte. Doch der Tod eines jungen Menschen aus dem gegnerischen Lager verdoppelte das Leid und die Befriedigung durch Rache währte nur kurz und schmeckte bitter. Diesem Gedanken konnten die Mohawk folgen, wenn auch nicht sofort. Deganawidah schlug vor, dass der Verlust von im Krieg getöteten jungen Menschen durch lebendige Jungen oder Mädchen ausgeglichen werden sollte. Es sei eines wahren Mohawk unwürdig, Gefangene zu töten. Stattdessen sollten die Mütter, die ein Kind im Krieg verloren hatten, ein gefangenes Kind adoptieren dürfen. Zwar wäre das eigene tote Kind durch nichts zu ersetzen, doch könnte das adoptierte Kind ein wenig Trost in das Langhaus einer trauernden Clanmutter bringen. Die Adoptierten sollten wie eigene Kinder behandelt werden und so würde der Krieg bald ein Ende haben. Die echten Mütter und die Adoptivmütter würden miteinander ins Gespräch über ihre Kinder kommen wollen. Sie alle würden darauf achten, dass es den jungen Leuten gut ginge und dass diejenigen, die Tote aus dem Krieg zu beklagen hätten, getröstet würden. So würde der Kreis des Todes, der durch Krieg und Rache entstanden war, ein Ende finden und zu einem neuen Kreis der Verwandtschaft, der Verbundenheit und des Friedens führen.

Die Mohawk waren nach einem langen Prozess des Austausches bereit, die beiden Visionen – Ratsfeuer, um eine gemeinsame Stimme zu finden, und Adoption statt Töten – mitzutragen.

Nach und nach gelang es Deganawidah und Hiawatha, die Stämme der Oneida, der Seneca und der Cayuga für das Große Gesetz des Friedens zu gewinnen. Nur ein Stamm fehlte noch, das waren die Onondaga mit ihrem Häuptling Tadodaho. Tadodaho galt als mächtiger, unbarmherziger Häuptling und war sehr gefürchtet. Bereits dreimal waren die beiden Freunde mit ihrem Anliegen bei Tadodaho gescheitert. »Was

soll mir dein Friede schon bringen? Du bist ein Träumer! Wo ist die Macht, die dir hilft? Ich kann keine Macht an deiner Seite sehen!«, spottete Tadodaho über Deganawidahs Vision. »Meine Macht ist die Macht der Zukunft. Es ist die Macht der fünf Nationen, die mit einer einzigen Stimme sprechen. Es ist die Macht eines gemeinsamen Willens. Versteh doch: Es ist die Macht der Zukunft! Es gibt keine größere Macht als die Macht der Zukunft! Und du selbst kannst sogar der Sprecher dieser großen Macht sein!«, lautete die Antwort der beiden Freunde.
Mit der Aussicht, dass er selbst der Sprecher der Vereinigung werden würde, war endlich auch Tadodaho zu gewinnen. Die fünf Stämme kamen zusammen, hielten miteinander Rat an den heiligen Feuern, ließen die Trommeln ertönen und hörten einander gut zu. Schließlich begruben sie ihre Waffen unter Anleitung der Medizinleute und schrieben das Große Gesetz des Friedens in ihre Herzen. So kam der Friede ins Land und nahm Platz im Geist der Stämme, wo er noch heute wohnt.

Diese Geschichte wurde mir während einer USA-Reise in die Reservate von einem meiner indianischen Lehrer erzählt. Der Völkerbund der Irokesen lebt noch heute so weit wie möglich nach dem ursprünglichen Modell der Konsensbildung. Konsens, Übereinstimmung, entsteht während der Ratsfeuer-Versammlungen und ist ein manchmal langwieriger, aber gründlicher Prozess. Diese Kommunikations-Methode, die Deganawidah, der Stot-

terer, ersonnen hat, findet heute ganz langsam Einzug in Familien und Gruppen und sogar in Betrieben. Ich habe selbst während meiner Zeit bei der Deutschen Telekom solche »Ratsversammlungen« zur internen Konfliktlösung eingeführt. Als Heilmethode habe ich den »Indianischen Redestab« auch schon erfolgreich bei der Konfliktlösung in Familien einsetzen können. Besonders erfreulich und bezeichnend war, dass sich mit dieser Methode ein stotterndes Kind vollständig heilen ließ.
Mein Eindruck ist allerdings, dass wir recht mühsam wieder lernen müssen, wirklich miteinander zu kommunizieren. Vorherrschend ist eigentlich in unserer Kultur das »Kampfsprechen«, das heißt, wer am lautesten, am vehementesten und von sich und seiner Meinung am heftigsten überzeugt auftritt, der »gewinnt« eine Debatte. Zuhören, sich selbst zurücknehmen, den anderen wirklich verstehen wollen und seine Anschauung integrieren, das haben wir nie gelernt. Umso heilsamer ist es natürlich, wenn wir jetzt wieder beginnen, uns im wirklichen Zuhören zu üben.
Deganawidah wird allgemein in der indianischen Welt der »Peacemaker«, der Friedensstifter, genannt. Die Irokesen bemühen sich seit Jahrzehnten wieder verstärkt um Autonomie. Sie verstehen sich als eigenständiger Völkerbund, reisen mit eigenem Pass und haben Antrag auf Anerkennung bei den Vereinten Nationen gestellt. Bisher ohne Erfolg. Das demokratische Modell der Irokesen diente nach Ansicht mehrerer Wissenschaftler den US-Amerikanern als Vorbild für deren Verfassung. In der US-Variante fehlen allerdings wichtige Anteile, vor allem

die spirituelle Dimension und die Funktion der weisen, ältesten Frauen mit einem Vetorecht. Auch in den Schriften von Friedrich Engels nimmt die freiheitliche Verfassung des Irokesenbundes einen großen Raum ein. Irving Powless, ein zeitgenössischer Bundeshäuptling, meint jedoch: »Beide Supermächte (USA und UdSSR, Anm. d. Verf.) nahmen unsere Idee, aber keiner verstand sie richtig.«
Natürlich gelingt es nicht immer, wahre Übereinstimmung herzustellen, und auch die Irokesen müssen mit Kompromissen leben. Die Tatsache jedoch, dass der Völkerbund nach fast 500 Jahren trotz widrigster Bedingungen immer noch besteht, spricht für sich.
Die Idee, Blutrache durch Adoption zu ersetzen, ist so herzerwärmend, dass mir die Worte fehlen. Es geht nicht mehr um Rache, sondern um Wiedergutmachung! Es geht darum, kostbares menschliches Leben zu erhalten und die Spirale des Tötens zu beenden. Eine völlig andere Denkweise!
Besonders heilsam scheint mir auch die Argumentation des Friedensstifters zu sein, als seine Vision vom Häuptling der Onondaga infrage gestellt wird: »Was soll mir dein Friede schon bringen? Wo ist die Macht, die dir hilft? Ich kann keine Macht an deiner Seite sehen!« Denn Deganawidah schaut von sich weg in die Zukunft und erinnert den Zweifler daran, dass die größte Macht in der Zukunft liegt! Und dass man selbst ein Teil dieser zukünftigen Macht werden kann, indem man sich nicht länger verweigert. Indem man die Zukunft in die Gegenwart eintreten lässt. Indem man selbst zum Mitwirkenden und zum Gestalter wird.

Die Weiße Büffelfrau

Es war heiß und ein leiser, stetiger Wind blies über die weiten Ebenen. Die Jäger hatten die Spur der Büffelherde verloren und die Menschen der Ebenen, die Lakota, wie sie sich selbst nannten, waren verzweifelt. Ohne Büffel kein Leben. Die Lakota aßen Fleisch und Mark der mächtigen Tiere, aus der Haut nähten und webten die Frauen Kleidung, Schuhe, Decken und die Tipis. Die Sehnen dienten als Nähnadeln für die Frauen und als Bogen für die Jagd der Männer. Selbst der Mist war zu gebrauchen und wurde für die kalte Jahreszeit als Brennstoff gesammelt. Das gesamte Leben der Lakota drehte sich um die Büffelherden und ihre Wanderung. Die Lakota folgten den Herden und die jungen, kräftigen Männer jagten in Gruppen die schwächsten Tiere. Die Jagd war gefährlich und nicht selten ließ einer der Männer sein Leben unter den Hufen eines solchen Giganten. Aber nun hatte der Stamm die Spur der Herde verloren. Die Kinder weinten und die Frauen klagten. So kam es, dass sich Mato und sein Bruder aufmachten, um einen weiteren Tag damit zu verbringen, die Spur der Büffel zu finden. Sie wanderten in der glühenden Hitze und sahen weder einen Hasen noch eine Antilope, geschweige denn einen Büffel. Niedergeschlagen und entmutigt traten sie den Rückweg an.
Als die Sonne bereits am Versinken war, sahen sie in der Ferne eine weißgewandete Frau auf sich zukommen. Ihr Gang war anmutig, das schwarze Haar

reichte ihr bis zu den Hüften und wehte im Wind. Auch schien sie mehr zu schweben, als zu gehen. Sie näherte sich den Jägern und ihr Anblick war so überwältigend schön, dass Matos Bruder von heftigem Begehren ergriffen wurde. Obwohl Mato den Bruder zurückhalten wollte, stürzte sich dieser auf die Frau, um sie mit Gewalt zu nehmen. Die Frau schien keinerlei Angst zu haben und ließ ihn herankommen. Als der junge Mann sie niederreißen wollte, wurden beide wie aus heiterem Himmel in eine Staubwolke eingehüllt, und als der Staub sich nach einer Weile senkte, stand die Frau unversehrt da, und neben ihr lag ein Haufen ausgeblichener Knochen. Das war alles, was von dem unbeherrschten, lüsternen Mann übrig geblieben war.

Die schöne, geheimnisvolle Frau sprach nun Mato an: »Geh in das Lager zurück und kündige dort mein Kommen an. Sorge dafür, dass ein großes Tipi bereitsteht und dass alle Leute deines Stammes, auch die Kinder, anwesend sind. Ich bringe euch eine Botschaft und ein Geschenk.« Der junge Krieger kehrte ins Lager zurück und erzählte, was geschehen war. Der Stamm war sich einig, dass sich auf diese Weise nur ein heiliges Wesen aus der höheren Welt des Großen Geistes ankündigen würde. Die Frauen begannen sofort damit, aus verschiedenen Tipis ein einziges großes Tipi zu nähen. Sie sangen während der Arbeit die alten Lieder, tranken Kräutertee und waren voller Hoffnung, dass die missliche Lage bald vorüber sein würde. Die Männer besorgten Tipistangen und Seile und errichteten daraus ein stabiles Gerüst, das weder wackelte noch auseinanderfiel. Am nächsten Tag waren alle Vorbereitungen getroffen. Ein großes Tipi stand in der Mitte des kreisrunden Lagers, das Feuer brannte und alle hatten ihre besten Gewänder angezogen. Die rätselhafte, heilige Frau betrat das Lager und wurde mit allen Zeichen der Ehrung von den Ältesten des Stammes in das Tipi geführt. Sie schritt im Lauf der Sonne um das Tipi herum und segnete es auf diese Weise. Nachdem sich alle niedergelassen hatten, begann die Frau zu sprechen:

»Der Große Geist, das Große Geheimnis, Wakan Tanka* hat mich zu euch gesandt. Ich bin die Tochter von Wi, der Sonne, und die Gemahlin des Windes, der vom Süden her weht. Wir haben gesehen, dass euer Wakan, der ewige und heilige Funke, den Wakan Tanka in euer Herz gelegt hat, klein und schwach geworden ist. Die Büffel haben sich von euch zurückgezogen, denn eure Jagd ist nicht mehr wakan, sie ist nicht mehr heilig. Ihr habt gehört, was mit eurem Bruder geschehen ist, der seinen Wakan nicht mehr finden konnte. Ich bin gekommen, um euch die Botschaft zu bringen, dass euer Vater, das Große Ge-

* »Wakan« ist ein Wort aus der Sprache der Lakota-Indianer und bedeutet »heilig«, »unbegreiflich« oder »geheimnisvoll«. Wakan Tanka nennen die Lakota den allumfassenden »Gott«, die Übersetzung »Großes Geheimnis« gilt als die zutreffendste.

heimnis, und eure Mutter, die Erde, euch lieben und an euch glauben. Beginnt wieder, den Heiligen Pfad zu gehen. Lasst eure Füße die Mutter Erde küssen, wenn ihr auf ihr geht. Sendet eurem Vater, dem Großen Geheimnis, einen Gruß, wenn eine frische Brise euren Atem erfrischt und wenn ihr die Büffel jagt. Bittet die Tiere in euren Gedanken, euch Nahrung zu geben, und sie werden ihr Leben für euch opfern. Denn ihr seid eurer Mutter, der Erde, äußerst kostbar und sie will, dass ihr auf ihr lebt. Aber nehmt niemals mehr, als ihr benötigt. Bedankt euch bei den Pflanzen und bei den Tieren, die euch nähren. Feiert Feste zu Ehren von Mutter Erde. Sie hört euch so gerne singen. Lasst eure Trommeln mit dem Herzschlag der Großen Mutter erklingen.

Achtet gut auf eure Kinder, denn eure Kinder sind das Kostbarste, was es gibt auf dieser Welt. Sie sind das Leben, das sich entwickeln will. Geht liebevoll mit ihnen um und zeigt ihnen, wie wahre Menschen auf der Erde gehen. Eure Frauen sind die Töchter der Erde, sie zeigen die Schönheit, den Geschmack und die Feinheit ihrer Mutter. Sie sind voller Hingabe und bereit, das Leben in eurem Stamm so angenehm und behaglich wie möglich zu gestalten. Ihr Frauen, eure Stärke liegt in eurem Inneren und ohne euch wäre der Stamm ohne Halt. Und ihr Männer, ihr habt starke Körper und weiche Herzen. Beschützt eure Frauen und eure Kinder und sorgt gut für sie. Und seid zärtlich zu ihnen, denn das tut euch allen gut. Nur so, nur wenn ihr auf diese Weise lebt, kann sich Wakan in euch ganz entfalten. Kein anderes Wesen, das auf Mutter Erde lebt, hat mehr Wakan als ihr vom Vater geerbt. Ihr seid seine Kinder und seine Erben. Macht etwas daraus! Lasst euch nicht von Lya, dem Geist der Respektlosigkeit, dem Geist der Gier und des Hasses, verführen!«

Die heilige Frau verstummte und ließ ihre Worte wie einen Duft verströmen. Die Menschen vom Stamm der Lakota waren ergriffen und wie verzaubert. Sie hingen an den Lippen der Frau und selbst die Kinder spürten den Hauch von Wakan, der sich im Tipi ausbreitete. Stille herrschte im Raum.

Die Frau trug ein Bündel bei sich, das sie nun hervorholte. Darin befand sich ein Gegenstand, den die Lakota später die Heilige Pfeife, die Chanunpa Wakan, nennen sollten. Die Chanunpa bestand aus zwei Teilen. In dem Bündel befanden sich auch Kräuter. Die Frau bat um eine Schale, in die ein Stück glühendes Holz gelegt werden sollte. Einer der Ältesten brachte ein aus einem Büffelschädel gefertigtes Gefäß, in das er Glut gelegt hatte. Die Frau streute eine Handvoll Kräuter darauf und eine angenehm duftende Rauchschwade zog durch das Tipi. Die Frau erklärte, dass sich nun alle mit dem Rauch reinigen sollten, indem sie ihn mit den Händen in sich aufnahmen und einatmeten. Dann nahm sie die beiden Teile der Pfeife in die Hand, den Kopf in die rechte und den Stiel in die linke, und begann erneut zu sprechen:

»Ich habe euch ein Geschenk mitgebracht und bitte euch, es anzunehmen und zu nutzen. Mit dieser Heiligen Pfeife könnt ihr von nun an direkt in Verbindung treten mit Wakan Tanka, eurem Vater, und mit Mutter Erde, Unji Maka. Der Kopf repräsentiert eure Mutter, der Stiel euren Vater. Fügt diese beiden zusammen, denn Himmel und Erde sind eins. Dann nehmt getrocknete Blätter der heiligen Tabakpflanze und bietet das Kraut nacheinander dem Geist der vier Winde als eure Gabe an. Ladet die vier Richtungen ein, in der Pfeife Platz zu nehmen, während ihr das Kraut in die Pfeife stopft. Ladet auch den Geist der Pflanzen und den Geist der Tiere ein. Das Büffelkalb, das in den roten Kopf geritzt ist, steht für alle vierbeinigen Wesen, die auf der Erde leben. Die Federn des Gefleckten Adlers*, die hier am Ende des Stiels hängen, vertreten den Adler und alle Geflügelten des Himmels. Wenn ihr so mit der Heiligen Pfeife betet, gesellen sich alle Wesen und alle Dinge des Weltalls zu euch. Auf diese Weise seid ihr mit allem verbunden. Denkt immer daran, dass alles, was ist, der Große Geist, die Sonne und die Sterne, unsere Mutter Erde, die vier Winde, Wasser und Feuer und alle Lebewesen, alle Menschen, alle Tiere und alle Pflanzen, selbst die Steine und die Berge eure Verwandten sind. Vergesst nie, dass alle Dinge heilig sind und dass jeder neue Tag, der sich mit dem Aufgang der Sonne ankündigt, ein heiliger Tag ist. Bekräftigt eure Ver-

* Gefleckter Adler: »Uambali Galeshka« in der Lakota-Sprache

wandtschaft und eure Verbundenheit mit den Worten MITAKUYE OYASIN.«
Die Frau zeigte dem Stamm genau, wie das Ritual zelebriert werden sollte. Zum Schluss bat sie den Ältesten, die Pfeife mit einem Stück glühender Holzkohle zu entzünden. Sie drehte die Pfeife in die vier Himmelsrichtungen und blies den Rauch nach oben zum Himmel und nach unten zur Erde. Dann reichte sie die Pfeife in der Richtung der Sonne weiter an die Ältesten, damit auch sie rauchen konnten, und diese reichten die Pfeife weiter, bis jedes Mitglied des Stammes geraucht hatte.
Am Ende der Zeremonie zerlegte die heilige Frau die Pfeife wieder in die zwei Teile, wickelte sie zusammen mit den Kräutern in ein Stück Leder und reichte das Bündel dem Ältesten des Stammes mit den Worten: »Das ist mein Geschenk an euch. Es wird euch Frieden bringen. Behütet es, nutzt es und reicht es an die nachfolgenden Generationen weiter. Im Kopf der Heiligen Pfeife sind sieben Kreise eingezeichnet. Diese sind von großer Bedeutung. Im Lauf der Zeit werde ich euch durch Visionen und Träume sieben weitere Riten übermitteln. Am Ende werde ich wieder zu euch zurückkommen, und dann wird eine Zeit anbrechen, in der das Leben auf Mutter Erde voller Schönheit sein wird. Das Geschenk, das ich euch zurücklasse, wird sein wie ein Baum. Es wird wachsen und groß werden und seine Wurzeln werden tief in die Erde hinabreichen und seine Zweige werden weit in den Himmel hineinragen. Im Schatten dieses Bau-

mes werde ich einst mit euch leben. Und mit uns zusammen werden die Stämme aller Menschen unter dem Blätterdach unserer Brüder, der Bäume, leben. Alles, was zerstört wurde, wird wieder heil. Das Zeitalter, das dann anbricht, wird das beste sein, das jemals gewesen ist. Das verspreche ich euch. Wakan Tanka ist mit euch auf all euren Pfaden.«

Mit diesen Worten verabschiedete sie sich und wurde vom Stamm bis an den Rand des kreisrunden Lagers begleitet. Sie schritt in die weiten Ebenen hinein, und als sie eine Weile gegangen war, verwandelte sich ihre Gestalt vor den Augen aller zuerst in ein schwarzes, dann in ein gelbes, danach in ein rotes und endlich in ein weißes Büffelkälbchen, das schließlich am Horizont verschwand.

Noch am selben Tag wurde die Spur der Büffelherde gefunden und die Not hatte vorerst ein Ende. Die Heilige Pfeife aber war von nun an das Heiligtum und die »Kirche« des Volkes der Lakota. Das Pfeifenritual, um die Verwandtschaft aller mit allem zu besiegeln und Frieden zu schließen, verbreitete sich im Lauf der Jahrhunderte weit über die Ebenen zu allen indianischen Stämmen und sogar über die Meere hinüber bis zu uns.

Die Weiße Büffelfrau ist meines Wissens die erste und bisher einzige Frau, die eine Religion begründete. Das ursprüngliche Pfeifenbündel wird heute von Chief Arvol Looking Horse in der 19. Generation gehütet und zu besonderen Anlässen verwendet. Arvol Looking Horse er-

hielt die Heilige Pfeife bereits im Alter von 12 Jahren und hat sein Leben vollkommen der Botschaft der Weißen Büffelfrau gewidmet. Er setzt sich unablässig für die Freiheit und den Weltfrieden ein. Unter anderem sprach er 1998 mit dem Sonderbotschafter der UN über heilige Stätten und religiöse Freiheit. Es war das erste Mal, dass ein Vertreter der UN in die USA reiste, um indigene Vertreter zum Thema Religionsfreiheit anzuhören und Material zusammenzutragen, das vor der UN in Genf erörtert werden sollte. In Südafrika sprach Arvol Looking Horse mit Desmond Tutu über den Weltfrieden und globale Heilung und 1995 traf er den Dalai Lama, um eine Beziehung zwischen den Tibetern und den Lakota herzustellen. Arvol Looking Horse reiste auch in den Irak, um dort mit der Pfeife für den Frieden zu beten. Außerdem ist er Initiator, Begleiter und spiritueller Leiter zahlreicher Aktivitäten. So lädt er jeweils am 21. Juni zu einem Weltfriedens- und Gebetstag ein.
Am 20. August 1994 wurde in Wisconsin das erste weiße Büffelkalb der Neuzeit geboren. Es erhielt den Namen »Miracle« (»Wunder«). Die Nachricht wurde sogar in der deutschen Tagesschau gebracht. Seit der Geburt von »Miracle« sind insgesamt 13 weiße Büffelkälber auf die Welt gekommen (Stand Juni 2011) und viele Indianer sehen darin die Erfüllung ihrer Prophezeiungen. Die Geburt eines weißen Büffels ist ein unglaublich seltenes Ereignis. Auf 16 Millionen Geburten soll eine Geburt eines weißen Büffels kommen. Ende des 16. Jahrhunderts streiften etwa 25–30 Millionen Bisons durch die Prärie, Ende des 19. Jahrhunderts verblieben nach einem bei-

spiellosen Massaker durch die »Weißen« nur noch etwa 100 Tiere. Heute ist der Bestand wieder auf 35 000 angestiegen. Es gibt sogar erfolgreiche Bestrebungen, im Mittleren Westen der USA große Landstriche in öffentlichen Besitz zu übergeben, damit dort wieder wie einst große Büffelherden über die weiten Ebenen der Prärie ziehen können.

Obwohl es in der Geschichte der indianischen Völker über Jahrhunderte nicht so aussah, als würden sie überhaupt überleben können, besteht heute eine zunehmende Tendenz, die Weltsicht der Indigenen als bedeutsamen Teil der Lösung für die vielschichtigen Probleme unserer Zeit zu betrachten. Die wissenschaftlichen Erkenntnisse der Ökonomie bestätigen, dass tatsächlich alles miteinander verbunden und verwandt ist.

Wenn wir die Geschichte der Weißen Büffelfrau hören, können wir uns fragen, ob unser Respekt vor den Lebewesen vielleicht noch ausbaufähig ist. Ob wir die Erde unter unseren Füßen eigentlich wirklich spüren. Oder ob wir einmal versuchen wollen, ein paar Atemzüge lang den Geist des Windes tatsächlich wahrzunehmen. Ob wir uns innerlich bedanken für die Gaben der Erde, wenn wir essen. Ob wir uns dessen bewusst sind, dass die Vielfalt der verschiedenen Gaumenfreuden ein Geschenk unserer Großen Mutter ist, die uns damit erfreuen will. Es könnte ja auch alles gleich schmecken. Solche Übungen können sehr heilsam sein.

Der Gebrauch von Tabak, so wie ihn die Weiße Büffelfrau gelehrt hat, beinhaltet übrigens nicht die Inhalation. Das Inhalieren von Tabak macht schrecklich süchtig und

es ist schwer, sich von dieser Sucht wieder zu befreien. Rauchen, so wie es ursprünglich vorgesehen war, bedeutet, zu beten und den Rauch nicht für sich selbst zu beanspruchen, ihn nicht in die eigene Lunge zu ziehen, sondern den Rauch dem lebendigen Wind mitzugeben, damit er unsere Gebete zum Himmel trägt.
Wenn wir uns mit der Geschichte der indigenen Völker beschäftigen, mit der Verschleppung von Kindern, mit der Zwangssterilisation der Frauen, mit all den Morden und der Diskriminierung können wir in Versuchung geraten, die Prophezeiung ihrer Heiligen von einem guten Leben irgendwann in der Zukunft wie eine Verhöhnung angesichts der Realität der Lebensumstände zu sehen. Andererseits habe ich gerade heute wieder in einem Gespräch mit einem Freund erfahren, dass sich schon wieder ein Netzwerk gebildet hat, das genau die uralte Kultur der indigenen Völker neu belebt, pflegt und in die eigene Kultur integriert. Die Grundfragen in diesem Netzwerk lauten: Wie gehen wir miteinander um? Wie zeigen wir einander und der Welt da draußen unseren Respekt? Wie können wir lernen, so miteinander zu reden, dass auch die weniger Sprachgewaltigen gehört werden? Wie lernen wir, Übereinstimmung zu finden, Konsens, damit wir bei unseren Vorhaben wirklich alle am selben Strang ziehen?
Der geistige Funke, den die Weiße Büffelfrau entzündet hat, scheint im Stillen zu einem ansehnlichen Feuer angewachsen zu sein. Unser tiefer, eingeborener Menschheitstraum nach dieser prophezeiten Welt im Schatten des großen Baumes, unter dem wir alle in Freiheit und

Frieden miteinander leben, wird von diesem heiligen Feuer gewärmt. Wenn wir manchmal verzagen wollen angesichts der schier unlösbaren Probleme, welche die Turbo-Kapitalismus-Machthaber hervorgerufen haben, dann ist es heilsam und ermutigend, zu sehen, wie sich ganz im Stillen, ganz unspektakulär die Einsicht von MITAKUYE OYASIN, die Einsicht, dass wir alle miteinander verwandt und im tiefsten Innern wesensgleich, nämlich »wakan« sind, immer weiter verbreitet. Wenn ich zurückblicke auf die Unwissenheit, die noch vor 30 Jahren in mir selbst und in meinem Umfeld herrschte, dann hege ich große Hoffnung, dass ich in weiteren 30 Jahren, im Alter von dann 85 Jahren, das von der Weißen Büffelfrau prophezeite beste aller Zeitalter unter dem Baum des Friedens noch erleben werde!

Mein Freund, sie werden wiederkehren.
Überall auf der Erde kehren sie wieder.
Uralte Lehren der Erde, uralte Lieder der Erde,
sie kehren wieder.
Mein Freund, sie kehren wieder.
Ich gebe sie dir und durch sie wirst du verstehen,
wirst du sehen.
Sie kehren wieder.
Auf der Erde.

Crazy Horse (1839–1877), Anführer der Oglala-Indianer

Dank und Nachwort

Gerade eben fühle ich eine große Dankbarkeit. So groß, dass ich gar nicht weiß, wo ich anfangen soll, und so groß, dass ich sicher bin, dass ich ganz gewiss vergessen werde, dem einen oder der anderen gebührend zu danken. Euch Unerwähnten ein ganz besonderes Dankeschön!

Danke, Roland, für dein geduldiges Ertragen meiner Launen während der Schreibphase. Danke, Anke, für die Hilfe beim Strukturieren und dir und Michael für die Möglichkeit des Rückzugs in eurer Wohnung. Danke, Johannes, Vincent, Oliver und Jakob, dass ihr euch mit mir über den Auftrag gefreut habt und mich damals, als ihr noch Kinder wart, immer wieder zum Geschichtenerzählen herausgefordert habt. Danke, Silvia Ostertag, über den Tod hinaus für deine Inspirationen. Danke, Gonsar Rinpoche, für die Atisha-Geschichten. Danke, André Habib, für die Sufi-Geschichten. Danke, Karl Scherer, für die Indianer-Geschichten. Danke, Gisela, Ursula und Gabriele, für unseren wunderbaren Geschichten-Nachmittag im August. Danke, Paulus, du weißt schon für was. Danke, Winnie, für den letzten Impuls. Danke, Sabine, dass du an mich geglaubt hast. Danke, Gabriele, für das wohlwollende Lektorat.

Bis zum Schluss war ich immer wieder unzufrieden mit meinem Werk. Es gäbe noch so viel mehr Fragen, die sich erst erschließen, wenn wir uns tiefer in die Geschichten hineinbegeben würden.

Und es gäbe noch so viele Geschichten! Von Sita, der Erdgeborenen, und Rama, dem Göttlichen. Von Durga oder von Zen-Mönchen.

Ich bin wirklich dankbar dafür, dass es Geschichten gibt. Wie bedankt man sich eigentlich bei Geschichten? Sind Geschichten nicht auch Geistwesen? Manche freuten sich über das Gewand, das ich ihnen überstreifte. Lilith war so eine. Mein größtes Sorgenkind waren die Jesus-Geschichten. Sie schienen wie mit einem Bann belegt und ich verspürte immer wieder eine seltsame Scheu, mich vom offiziellen katholischen Dogma zu lösen. Wo kämen wir schließlich hin, wenn jede beliebige Hausfrau damit beginnen würde, die alten Geschichten nach eigenem Gutdünken zu verändern? Ich bin übrigens heute stolz darauf, so viele Jahre meines Lebens eine »Nur-Hausfrau« gewesen zu sein. Es handelt sich dabei um die einzige Berufsbezeichnung, die mit einem »Nur« geadelt wurde!

Gelegentlich war ich auch unzufrieden, weil mir die Aufgabe, eine Auswahl zu treffen aus den Hunderten von Geschichten der bedeutendsten Religionen und sie auf heilsame Wirkungen zu untersuchen, dies nach Möglichkeit auch noch zu belegen und zu beweisen, weil mir diese Aufgabe so unüberschaubar groß zu sein schien. So manches Mal war ich am Verzweifeln. Und jetzt bin ich dankbar, dass mir die Geschichten eigentlich von selbst zugeflogen sind. Schade nur um das Ramayan, das mit seinem gewaltigen Umfang die Grenzen dieses Projekts hier gesprengt hätte und das nun in der Schublade warten muss, ob sich vielleicht noch einmal ein freundlicher Verlag findet …

Als ich gestern Abend das Orakel befragte, gab es an, dass noch eine Buddha-Geschichte fehle. Diese Buddha-Geschichte, die dann heute Morgen angeflogen kam, versöhnt mich mit meinen gesammelten Unzulänglichkeiten, die sich bestimmt in der einen oder anderen Weise in meinem Buch widerspiegeln. Deshalb möchte ich die Geschichte vom Herz-Sutra ans Ende stellen. Denn das Herz-Sutra versöhnt auch die Wissenschaft mit den Religionen. Mein Mathematik studierender Sohn Oliver meint sogar, die Einstein-Formel im Herz-Sutra gesehen zu haben.

Ich empfinde Dankbarkeit für all die Religionen, die ich in nur einem Leben kennenlernen durfte. Dem Judentum verdanke ich meinen Familiennamen und wohl einen gewissen Hang zum Skurrilen sowie ein ausgeprägtes Streben nach Gerechtigkeit. Dem

Christentum verdanke ich eine Ahnung davon, was Mitgefühl oder Barmherzigkeit sein könnten. Das Wort »Barmherzigkeit« leitet sich übrigens vom althochdeutschen »param« ab. Eine schöne Verbindung zu den Paramitas, den sechs befreienden Handlungen, die zur Weisheit, zur Erleuchtung führen, und der wunderbaren Lehre des Buddha. Dass ich Ganesha kennenlernen durfte, verdanke ich meinem Besuch bei Sri Sathya Sai Baba, der dieses Jahr am Ostermorgen hinübergegangen ist. Die Sufi-Geschichten erinnern mich an die große Schönheit des Islam, den ich gerade erst beginne, wieder neu zu entdecken. Ich muss wohl einmal in einem früheren Leben Muslimin gewesen sein. Und ich danke der Geistführerin aus alter Zeit, der Weißen Büffelfrau. Und inmitten all dieser geheimnisvollen Gestalten bedanke ich mich ganz herzlich bei den Erfindern, Betreibern und Autoren von Wikipedia, in dessen unendlicher Fülle ich immer wieder wertvolle Hinweise, Quellen, Zahlen, Daten und Fakten finden konnte. Es ist mir leider nicht mehr möglich, die Einzelnachweise aufzuzählen. In gewisser Weise ist auch Wikipedia ein Wunderwerk. Und ich danke der Erde, die als lebendiger Organismus all das hervorgebracht hat und in ihrer Erinnerung speichert, und dem Großen Geheimnis. Dem großen Geheimnis, das in dieser letzten Geschichte verborgen ist.

Das eine Herz

Die kleine Gruppe hatte sich in die Berge zurückgezogen. Dort fasteten sie und sammelten den Erleuchtungs-Geist in ihre Herzen.

Buddha Shakyamuni saß auf dem Löwenthron und hüllte sie alle in seine Gegenwart.

Manju, der Weise, war in die Übung mit dem Schwert versunken. Er hielt das Schwert in der Rechten, hoch über seinem edlen Haupt. Das Schwert war zutiefst mit der goldenen Sonne über ihm verbunden und Manju übte den Augenblick, bevor er mit einer einzigen gezielten Bewegung exakt die beiden Wirklichkeiten voneinander trennen würde. In der Linken hielt er ein leeres Blatt. Die gesamte Weisheit. Die gesamte Wirklichkeit.

Avalokiteshvara, der Mitfühlende, war ganz und gar erfüllt von der Weisheit, die Manju hervorgebracht hatte, und sein Herz strahlte bis über das gesamte bekannte Universum hinaus.

Maitreya, der gute Freund, hielt die Zeit an und verankerte das Geschehen so tief in die Erde, dass es selbst noch 2500 Jahre später in allen Details erhalten blieb.

Shariputra, der Kluge, war der Einzige, der bisher unerleuchtet geblieben war. Er war sehr gelehrt, doch die letzte Wahrheit war ihm immer wieder entglitten. Deshalb fragte er den Avalokiteshvara: »Wie sollen wir denn am besten üben, wenn wir die Erleuchtung erlangen wollen?«

Avalokiteshvara antwortete ihm. »Shariputra«, sagte er, »du musst das Folgende wirklich verstehen lernen.« Und dann begann er, in Versen weiterzusprechen:

Form ist nichts anderes als Leere,
Leere ist nichts anderes als Form.
Form ist wirklich Leere. Leere ist wirklich Form.

Genauso ist es mit dem Körper, dem Empfinden,
dem Wollen und dem Bewusstsein.
All diese Dinge sind leer.
Sie entstehen nicht und vergehen nicht.
Sie sind nicht rein und nicht unrein.
Sie nehmen nicht zu und nicht ab.

Denn in der Leere gibt es keine Formen.
Keine Empfindungen, keine Wahrnehmung,
keinen Willen und kein unterscheidendes Denken.
Keine Augen, keine Ohren, keine Nasen,
keinen Mund, überhaupt keinen Körper.
Keine Farben, keine Töne, keinen Duft,
keinen Geschmack.

Nichts Berührbares und keine Vorstellungen.
Keine Sinnesorgane und kein Denken.
Stell dir das vor! Daraus folgt:
In der Leere gibt es weder Unwissenheit
noch ein Ende von Unwissenheit.

Und so gibt es weder Alter noch Tod,
noch ein Ende von Alter und Tod.
Weder Leiden noch Entstehen von Leiden,
kein Anhäufen, kein Vernichten, keinen Weg.
Weder Erkennen noch Erreichen,
weil es überhaupt nichts zu erreichen gibt.

Lebe inmitten dieser Weisheit!
Ohne darüber nachzudenken und ohne Angst!

Inmitten aller Erscheinungen ist der Himmel,
das Nirvana!
Alle Erleuchteten leben in dieser Weisheit,
die alles Wissen überschreitet.
Vollkommen und unübertroffen.

Das ist die ganze Wahrheit.
Das ist das große und einzige Mantra!
Das wunderbare Mantra!
Das unvergleichliche Mantra!
Das Mantra, das alle Leiden nimmt!

Das ist wahr, ich schwöre es.
Das Mantra selbst aber, es lautet:
Gate gate paragate parasamgate bodhi svaha!

»Auf diese Weise üben wir, Shariputra!«, beendete Avalokiteshvara seine Rede.

Und das Mantra erklang in allen Welten und zu allen Zeiten und Buddha Shakyamuni lud das Geschehen mit seiner ganzen Kraft auf, indem er bestätigte: »So ist es! Genauso ist es! Ganz genauso ist es!«

Quellen

André Ahmed Al Habib: Sufismus, das mystische Herz des Islam. Verlag H.J. Maurer. Frankfurt/M. 2005.

Dalai Lama: Die Lampe auf dem Weg: Stufen buddhistischer Meditation. Diamant Verlag. Kaltern (I) 2006.

Thich Nhat Hanh: Der Buddha. Sein Leben, seine Lehren, seine Weisheiten. Theseus Verlag. Bielefeld 2002.

Geshe Rabten: Essenz der Weisheit. Ein Kommentar zum Herzsutra. Dharma Edition. Hamburg 1991.

Gonsar Rinpotsche: Tantra der 21 Taras. Edition Rabten. Le Mont-Pèlerin (CH) 2001.

Schwarzer Hirsch: Die heilige Pfeife. Lamuv TB. Göttingen 1992.

Thomas Wagner: Irokesen und Demokratie. Ein Beitrag zur Soziologie interkultureller Kommunikation. LIT Verlag. Berlin, Münster u.a. 2004.

www.wikipedia.de

Es war einmal … ganz anders

Ein humorvolles und ungewöhnliches Märchenbuch für starke Frauen, kluge Männer und hellwache Kinder.

Rotkäppchen, Dornröschen, Schneewittchen und Jorinde sind archetypische Frauen und Hüterinnen des weiblichen intuitiven Wissens. Luisa Francia erzählt klassische Märchen neu. Sie löst ihre Figuren aus patriarchalen Denkstrukturen und bietet lustvolle Alternativen zu ewig gleichen Rollenbildern. Verändert und verwandelt enthüllen die Märchen ihr uraltes Potenzial von Initiation, Stärkung und Vertrauen. Wir erleben die Hingabe der Männer, die Urkraft der Frauen, die Weisheit der Hexen, die Heiterkeit der Befreiung und das Eintauchen in das magische Gewebe des Lebens.

Luisa Francia
Die Schatzhüterin

208 Seiten, ISBN 978-3-485-01357-4

Auch als Hörbuch, gelesen von Luisa Francia:

2 CDs, ISBN 978-3-7844-4246-4, Langen*Müller* | **Hörbuch**

nymphenburger www.nymphenburger-verlag.de